WATCHMAN NEE

UN MEJOR PACTO

Vida®

La misión de Editorial Vida es ser la compañía líder en satisfacer las necesidades de las personas con recursos cuyo contenido glorifique al Señor Jesucristo y promueva principios bíblicos.

UN MEJOR PACTO
Edición en español publicada por
Editorial Vida – 1983
Miami, Florida

©1983 por Editorial Vida

Originally published in the USA under the title:
    The Better Covenant
    Copyright © 1982 by Christian Fellowship Publishers, Inc
Published by Christian Fellowship Publishers, Inc

ISBN: 978-0-8297-0958-2

CATEGORÍA: Estudios bíblicos / Guías de estudio bíblico

IMPRESO EN ESTADOS UNIDOS DE AMÉRICA
PRINTED IN THE UNITED STATES OF AMERICA

13 14 15 16 ❖ 18 17 16 15

Indice

Prefacio

El Nuevo Pacto está lleno de la gracia de Dios Para disfrutar de esa gracia, todos los que pertenecen al Señor deben saber en qué consiste ese Nuevo Pacto Qué triste es que hoy en día muchos de los que son del pueblo del Señor no aprecien ni entiendan el Nuevo Pacto Esta es la razón por la cual hemos sentido la necesidad de publicar algunos mensajes sobre el Nuevo Pacto Aun así, este tema es tan amplio, que no podremos agotar su riqueza con nuestro limitado conocimiento, experiencia y palabras. Con todo, confiados en la gracia de Dios, queremos compartir con los hijos de Dios lo poco que hemos recibido Elevamos una ferviente plegaria para que Dios nos capacite de manera que lleguemos a tener algún conocimiento acerca del Nuevo Pacto, y nos introduzca en su realidad espiritual.

El editor
Gospel Book Room
Shanghäi, China

Noviembre de 1953

(En una conferencia que tuvo lugar en Shanghai en el año 1932, el autor presentó una serie de mensajes acerca del Nuevo Pacto Estos fueron revisados y publicados posteriormente en chino por Gospel Book Room en esa misma ciudad Después de ser traducidos al inglés, se presentan ahora por primera vez en idioma castellano)

Introducción

"Porque esto es mi sangre del nuevo pacto, que por muchos es derramada para remisión de los pecados" (Mateo 26:28)

"Porque reprendiéndolos dice:

He aquí vienen días, dice el Señor,
en que estableceré con la casa de Israel
y la casa de Judá un nuevo pacto;
no como el pacto que hice con sus padres
el día que los tomé de la mano
para sacarlos de la tierra de Egipto;
porque ellos no permanecieron en mi pacto,
y yo me desentendí de ellos, dice el Señor
Por lo cual, este es el pacto que haré
con la casa de Israel
después de aquellos días, dice el Señor:
Pondré mis leyes en la mente de ellos,
y sobre su corazón las escribiré;
y seré a ellos por Dios,
y ellos me serán a mí por pueblo;
y ninguno enseñará a su prójimo,
ni ninguno a su hermano, diciendo:
Conoce al Señor;
porque todos me conocerán,
desde el menor hasta el mayor de ellos
Porque seré propicio a sus injusticias,
y nunca más me acordaré
de sus pecados y de sus iniquidades

Al decir: Nuevo Pacto, ha dado por viejo al primero; y lo que se da por viejo y se envejece, está próximo a desaparecer" (Hebreos 8:8-13)

"Este es el pacto que haré con ellos
después de aquellos días, dice el Señor:
Pondré mis leyes en sus corazones,
y en sus mentes las escribiré" (Hebreos 10:16).

"He aquí que vienen días, dice Jehová, en los cuales haré nuevo pacto con la casa de Israel y con la casa de Judá. No como el pacto que hice con sus padres el día que tomé su mano para sacarlos de la tierra de Egipto; porque ellos invalidaron mi pacto, aunque fui yo un marido para ellos, dice Jehová. Pero este es el pacto que haré con la casa de Israel después de aquellos días, dice Jehová: Daré mi ley en su mente, y la escribiré en su corazón; y yo seré a ellos por Dios, y ellos me serán por pueblo. Y no enseñará más ninguno a su prójimo, ni ninguno a su hermano, diciendo: Conoce a Jehová; porque todos me conocerán, desde el más pequeño de ellos hasta el más grande, dice Jehová; porque perdonaré la maldad de ellos, y no me acordaré más de su pecado" (Jeremías 31:31-34)

"El cual asimismo nos hizo ministros competentes de un nuevo pacto, no de la letra, sino del espíritu; porque la letra mata, mas el espíritu vivifica" (2 Corintios 3:6)

"Y el Dios de paz que resucitó de los muertos a nuestro Señor Jesucristo, el gran pastor de las ovejas, por la sangre del pacto eterno, os haga aptos en toda obra buena para que hagáis su voluntad, haciendo él en vosotros lo que es agradable delante de él por Jesucristo; al cual sea la gloria, por los siglos de los siglos. Amén" (Hebreos 13:20, 21)

Uno

El Nuevo Pacto es el fundamento de toda vida espiritual. A él se debe que nuestros pecados puedan ser perdonados y nuestra conciencia pueda recobrar la paz Al Nuevo Pacto se debe que seamos capaces de obedecer a Dios y de hacer las cosas que le agradan a El También a través del Nuevo Pacto es como podemos tener comunión directa con Dios y conocerlo con profunda intimidad. Si no fuera por el Nuevo Pacto, no tendríamos seguridad de perdón; no habría en nosotros poder para obedecer a Dios y hacer su voluntad, ni tendríamos una íntima relación con El y un profundo conocimiento de El. Gracias a Dios, hay un Nuevo Pacto. El ha hecho un pacto con nosotros. Por lo tanto, podemos descansar en ese pacto suyo.

Dos

Los eternos propósitos de Dios se revelan en el Nuevo Pacto El que es del Señor debe conocer este pacto; de lo contrario no será capaz de comprender en su experiencia cuáles son esos propósitos divinos. Se nos dice que "reinó la muerte desde Adán hasta Moisés. . El pecado reinó para muerte. . ." (Romanos 5:14, 21). Ahora bien, durante este período no se habían revelado todavía los propósitos eternos de Dios Pero cuando Dios "dio de antemano la buena nueva a Abraham, diciendo: En ti serán benditas todas las naciones" (Gálatas 3:8), se nos mostró parte de la sombra de la gracia Sin embargo, la substancia de la gracia quedaba todavía invisible. "La ley por medio de Moisés fue dada" (Juan 1:17). Con todo, "la ley se introdujo" (Romanos 5:20) como añadidura. No se halla incluida en los designios eternos de Dios. "Todos los profetas y la ley profetizaron hasta Juan" (Mateo 11:13), "pero la gracia y la verdad vinieron por medio de Jesucristo" (Juan 1:17) Por lo tanto, con

Cristo llega la dispensación de la gracia, el Nuevo Pacto y la revelación del plan eterno de Dios Esos designios se revelan en el Nuevo Pacto Si lo conocemos, podemos esperar que los propósitos de Dios se cumplan en nuestra vida De lo contrario, sólo seremos capaces de tocar el borde de la salvación, pero no su sustancia misma Si llegamos a saber algo concerniente al Nuevo Pacto, podremos decir entonces que habremos hecho contacto con el más grande de los tesoros del universo.

¿Cuáles son los propósitos eternos de Dios? Por decirlo con sencillez, consisten en que quiere abrirse paso El mismo hasta llegar al interior del hombre que creó. Dios se complace en unirse con el hombre para que éste pueda participar de su vida y de su naturaleza divina En la eternidad, antes de que empezara el tiempo, y antes de que los cielos y la tierra y el hombre fuesen creados, ya Dios había concebido ese propósito Anhelaba que el hombre llegara a ser como El, glorificado y conformado a la imagen de su Hijo (Efesios 1:4, 5; Romanos 8:29, 30) Por esta razón creó al hombre a su propia imagen (Génesis 1:27). Puso entonces al hombre que El había creado, en el huerto de Edén, donde se encontraban el árbol de la vida y el árbol de la ciencia del bien y del mal Sólo le prohibió que comiera del fruto del árbol de la ciencia del bien y del mal Dicho con otras palabras, le estaba indicando al hombre que debía comer del fruto del árbol de la vida, aunque sería el hombre quien participaría activamente tomando su propia decisión De acuerdo con la revelación que encontramos en la Biblia, el árbol de la vida señala hacia Dios (Salmo 36:9; Juan 1:4; 11:25; 14:6; 1 Juan 5:12). Si el hombre comía su fruto, tendría vida y Dios entraría en él

Sabemos cómo fracasó el primer Adán, el primer hombre creado por Dios En vez de recibir la vida de

Dios, Adán tomó del fruto del árbol de la ciencia del bien y del mal, y de esta forma quedó apartado del Dios que da la vida Con todo, nosotros alabamos a Dios y le damos gracias, porque a pesar de que el primer hombre fue vencido y cayó, el segundo Hombre — o sea, el último Adán (1 Corintios 15:45, 47) — ha cumplido con los designios eternos de Dios. En el universo entero hay al menos un hombre que está entremezclado con Dios: Jesús de Nazaret, que es a la vez Dios y hombre, hombre y Dios. El Señor Jesús es el "Verbo (que) fue hecho carne, y habitó entre nosotros . lleno de gracia y de verdad" (Juan 1:14) Aunque "a Dios nadie le vio jamás; el unigénito Hijo, que está en el seno del Padre, él le ha dado a conocer" (Juan 1:18) El plan fijado por Dios desde la eternidad consiste en entrar a la vida del hombre de tal manera que lo llegue a convertir en la imagen de su Hijo En esto consiste el Nuevo Pacto.

Tres

¿Qué damos a entender al decir que ahora estamos en la dispensación del Nuevo Pacto? Sólo lo mencionamos en forma breve para explicarlo con más detalles en el tercer capítulo Sabemos que Dios no ha hecho nunca ningún pacto con los gentiles. Nosotros, que somos gentiles, no tuvimos el Pacto Antiguo. Entonces, ¿cómo podremos tener el Nuevo? Hebreos 8:8 nos informa llanamente que un día Dios hará un nuevo pacto con la casa de Israel y la casa de Judá. Estrictamente hablando, el Nuevo Pacto vendrá sólo después de aquellos días (Hebreos 8:10), es decir, se habrá de establecer definitivamente al comienzo mismo del milenio Siendo esto así, ¿cómo podemos decir que *ahora* estamos en la dispensación del Nuevo Pacto? Esto se debe nada menos que al hecho de que el Señor trata a su Iglesia de acuerdo al principio del

Nuevo Pacto La coloca bajo el principio de este Nuevo Pacto para que se comunique y relacione con El de acuerdo con este Pácto hasta que El lleve a cabo todo cuanto se ha propuesto hacer. "Esto es mi sangre del nuevo pacto" (Mateo 26:28), dice el Señor. Su sangre inaugura el Nuevo Pacto para que nosotros podamos gustar de antemano las bendiciones que contiene. Que podamos decir ahora que estamos en la dispensación del Nuevo Pacto, es para nosotros una evidencia de la gracia especial del Señor. Por lo tanto, debemos conocer experimentalmente lo que es el Nuevo Pacto, para que podamos vivir en esta nueva dispensación

Cuatro

Para poder conocer el Nuevo Pacto, tenemos que entender ante todo lo que es un pacto. Asimismo, para entender el pacto tenemos que saber lo que son la promesa y la realidad de Dios. Por tanto, hablaremos un poco acerca de la promesa y la realidad de Dios antes de entrar en el tema del pacto de Dios, el Nuevo Pacto y sus características. Trataremos de modo particular los siguientes asuntos importantes: de qué manera es puesta la ley en el interior del hombre e inscrita en su corazón; cómo opera el poder de la vida; de qué manera Dios se convierte en nuestro Dios en la ley de la vida y cómo nos convertimos nosotros en pueblo de Dios dentro de esa ley de vida Por último, veremos cómo conocemos interiormente en realidad, de manera que podamos llegar a un conocimiento más profundo de Dios.

1

Las promesas de Dios y las realidades de Dios

En la Palabra de Dios algunos escritores hablan de las responsabilidades que Dios les exige a los hombres, mientras que otros hablan de las gracias que desea darles. Dicho con otras palabras, algunos de ellos se refieren a las demandas de Dios, mientras que otros se refieren a su gracia. Muchos mandamientos, enseñanzas, estatutos y similares son expresiones de lo que Dios demanda del hombre, es decir, aquello de lo que le exige responsabilidad. En cambio, toda bendición espiritual en los lugares celestiales en Cristo (Efesios 1:3) — por ejemplo, nuestra "herencia incorruptible, incontaminada e inmarcesible" (1 Pedro 1:4) — es indicadora de la gracia que Dios se complace en otorgarnos

Hasta donde nos lo indica la Palabra de Dios, sus gracias se pueden clasificar dentro de estas tres categorías:

1) Las promesas que Dios nos hace.

2) Lo que ya El ha realizado a favor nuestro.

3) Los pactos que Dios hace con el hombre, en los que le hace patente lo que tiene decidido hacer.

Al igual que las promesas de Dios y sus realidades son cosas diferentes, así también los pactos de|Dios son distintos de sus promesas y sus realidades Sin embargo, las incluyen a ambas Esto se puede representar de la manera siguiente:

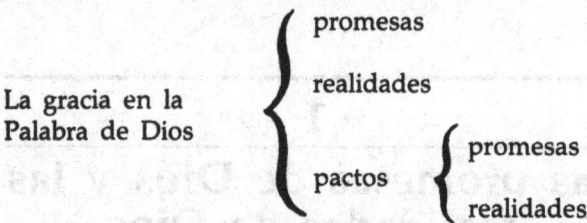

La gracia en la Palabra de Dios
- promesas
- realidades
- pactos
  - promesas
  - realidades

Veamos primero qué son las promesas de Dios.

Las promesas de Dios

Las promesas son diferentes a las realidades Las promesas señalan hacia el futuro, mientras que los hechos se refieren al pasado Una promesa muestra lo que se va a hacer, pero una realidad revela lo que ya se ha hecho La promesa habla de lo que Dios hará por el hombre; el hecho habla de lo que Dios ya ha llevado a cabo por él La promesa indica lo que Dios hará como respuesta a la actuación del hombre; la realidad atestigua lo que Dios ha llevado a cabo por nosotros, porque nos ama y conoce nuestra incapacidad Hay muchas promesas que llevan condiciones intrínsecas Es decir, si cumplimos ciertas condiciones, recibiremos lo que está prometido En cambio las realidades no nos exigen que pidamos o imploremos; sólo requieren que veamos y creamos.

Vamos a ver algunos ejemplos para explicar la diferencia que hay entre promesa y realidad

El Señor Jesús consoló a sus discípulos, diciendo: "No se turbe vuestro corazón; creéis en Dios, creed también en mí   Voy, pues, a preparar lugar para vosotros Y . vendré otra vez, y os tomaré a mí mismo" (Juan 14:1-3) Esta es una promesa que se convertirá en realidad el día en que regrese el Señor

También les dijo a sus discípulos: "Os conviene que yo me vaya; porque si no me fuere, el Consolador no vendría a vosotros; mas si me fuere, os lo enviaré" (Juan 16:7) Esta promesa se hizo realidad el día de la resurrección del Señor, cuando El "sopló, y les dijo: Recibid el Espíritu Santo" (vea Juan 20:19-22).

Nuevamente les dijo a sus discípulos: "He aquí, yo enviaré la promesa de mi Padre sobre vosotros; pero quedaos vosotros en la ciudad de Jerusalén, hasta que seáis investidos de poder desde lo alto" (Lucas 24:49). Esta es la promesa de promesas, que se hizo realidad el día de Pentecostés, cuando el Espíritu Santo vino sobre ellos (vea Hechos 2:1-4) Sin embargo, esta promesa era condicional, puesto que los discípulos debían esperar en la ciudad

También podemos hacer uso de una parábola para analizar la diferencia que existe entre promesa y realidad Supongamos que "A" y "B" son amigos "A" está enfermo y se encuentra en cama sin fuerzas para trabajar ni dinero para comprar las cosas que necesita para subsistir "B" estima grandemente a "A", de modo que le dice: — Mañana por la mañana yo voy a salir a trabajar para ti Después te voy a traer el dinero, para que te puedas comprar todo lo que necesites — Esta es la promesa que "B" le hace a "A". En efecto: "B" sale a la mañana siguiente, trabaja para "A" y le trae después el dinero que le hace falta para cubrir sus necesidades Esto quiere decir que la promesa que "B" le hizo a "A" se ha convertido ahora en una realidad Si "A" cree en la promesa de "B", y está seguro de que su palabra es digna de crédito, tendrá esperanza y sosiego desde el primer día, aunque llegará al disfrute real de lo prometido al segundo día

Varios principios concernientes a las promesas de Dios

La Biblia nos señala varios principios concernientes a las promesas de Dios, tales como los siguientes:

1) "Honra a tu padre y a tu madre, que es el primer mandamiento con promesa; para que te vaya bien, y seas de larga vida sobre la tierra" (Efesios 6:2, 3) Esta promesa es condicional No todas las personas son bendecidas ni gozan de larga vida sobre la tierra; solamente al que honra a su padre y a su madre le va a ir bien y va a ser de larga vida sobre la tierra. Si uno no cumple la condición aquí prescrita, no recibirá la bendición ni la longevidad prometidas

2) "Confírmese pues, ahora, oh Jehová Dios, tu palabra dada a David mi padre" (2 Crónicas 1:9) Esto indica que se necesita orar, o sea *pedir*, para que se realice la promesa (vea también 1 Reyes 8:56)

3) "Conforme al número de los días, de los cuarenta días en que reconocisteis la tierra, llevaréis vuestras iniquidades cuarenta años, un año por cada día; y conoceréis mi castigo" (la revocación de mi promesa) (Números 14:34) Esto revela que una promesa puede ser *revocada* si el hombre se vuelve infiel con respecto a esa promesa de Dios y deja de cumplir la condición de la misma De todos los israelitas que salieron de Egipto, sólo dos — Caleb y Josué — pudieron entrar en Canaán Los demás quedaron muertos en el desierto (vea Números 26:65). Se ve claramente que Dios anuló la promesa que le había hecho a aquel pueblo infiel (Aunque Jacob y José murieron en Egipto, fueron sepultados en Canaán Ellos le habían sido fieles a Dios hasta el fin, y El no les revocó la promesa que les había hecho Vea Génesis 46:3, 4; 49:29-32; 50:12, 13, 24, 25; Josué 24:32).

4) "Porque no por la ley fue dada a Abraham o a su descendencia la promesa de que sería heredero del mundo, sino por la justicia de la fe Porque si los que

son de la ley son los herederos, vana resulta la fe, anulada la promesa'' (Romanos 4:13, 14) Esto trae implícito el hecho de que si el hombre, además del poder de Dios, trata de usar las fuerzas de la carne y de la sangre, o le añade algo todavía, la promesa puede quedar sin efecto

5) "Y todos éstos, aunque alcanzaron buen testimonio mediante la fe, no recibieron lo prometido; proveyendo Dios alguna cosa mejor para nosotros, para que no fuesen ellos perfeccionados aparte de nosotros" (Hebreos 11:39, 40) También: "Os es necesaria la paciencia, para que habiendo hecho la voluntad de Dios, obtengáis la promesa" (Hebreos 10:36) Esto sugiere que se ha de usar de *paciencia* para recibir la promesa de Dios en el momento debido.

A través de los pasajes de la Escritura antes citados, podemos percibir los cuatro principios siguientes con respecto a las promesas de Dios:

1) Es necesario pedirle a Dios que cumpla sus promesas.

2) Si una promesa de Dios es condicional, se convertirá en realidad solamente si nosotros cumplimos con su condición; de lo contrario, Dios puede anularla

3) Si el hombre hace algo con sus fuerzas naturales respecto de la promesa, o si le añade algo, también es posible que esa promesa sea declarada sin efecto

4) Las promesas de Dios se convierten en realidades en el momento dispuesto por El.

La realización de las promesas de Dios en nosotros

Cada vez que descubramos una promesa en la Palabra de Dios, debemos orar fervientemente hasta que el Espíritu de Dios se levante en nosotros y nos haga sentir que esa promesa se refiere a nosotros Si es incondicional, debemos ejercer inmediatamente nuestra fe para recibirla, confiando en que Dios hará lo que nos ha prometido y comenzando a alabarlo y a darle gracias En cambio, si dicha promesa es condicional, debemos ante todo cumplir el requisito y después orar para que Dios actúe de acuerdo con su fidelidad y su justicia Hemos de orar hasta que la fe brote de nuestro interior; entonces cesemos de orar y comencemos a alabar a Dios No pasará mucho tiempo sin que veamos convertida en realidad esa promesa de Dios

Vamos a ilustrar esto con algunas experiencias reales:

1) En cierto lugar había unas cuantas hermanas que tenían la costumbre de pedirle a Dios al principio de cada año una promesa que las sostuviera durante todo el año Una de las hermanas, sintiendo su propia debilidad, le contó al Señor su necesidad Las palabras que el Señor le dio fueron éstas: "Cristo no es débil para con vosotros, sino que es poderoso en vosotros" (2 Corintios 13:3) Al recibir estas palabras, se sintió inmediatamente reconfortada Otra de las hermanas era una persona ansiosa. Se atemorizaba cada vez que se ponía a pensar en el pasado, o a mirar hacia el futuro Ella también le habló al Señor acerca de su verdadero estado de ánimo. Por consiguiente, recibió de El una promesa que decía: "No temas, porque yo estoy contigo; no desmayes, porque yo soy tu Dios que te esfuerzo; siempre te ayudaré, siempre te sustentaré con la diestra de mi justicia" (Isaías 41:10) Las afirmaciones tan categóricas de este pasaje hicieron que ella inclinara la cabeza para adorar a Dios Rompió en lágrimas de gozo y se sintió conmovida por la plenitud de estas promesas Después, cada vez que ella se enfrentaba a dificultades o tentaciones, se

ponía a leer estas palabras, no sólo para sí misma,
sino también para Dios De esta manera recibió
consuelo, ayuda y sostén durante muchos años.
Entre estas hermanas hubo muchas experiencias
similares Las promesas que les daba Dios se ajusta-
ban perfectamente a sus necesidades. Ellas le recordaban ardientemente al Señor sus promesas y, al final
de cada año, cuando hacían un recuento de las
gracias recibidas, podían comprobar las veces que las
promesas de Dios las habían consolado y sostenido a
través de todo el año

2) Cierta hija de Dios le pidió una promesa concerniente a su sostenimiento material. Un día leyó estas
palabras: "Sean vuestras costumbres sin avaricia,
contentos con lo que tenéis ahora; porque él dijo: No
te desampararé, ni te dejaré" (Hebreos 13:5). Ella se
sorprendió y se alegró a la vez con estas palabras.
Este tipo de promesa es condicional: primero debemos estar libres de avaricia y contentos con lo que ya
tenemos, antes de poder experimentar que Dios nos
sostiene y atiende continuamente a nuestras necesidades. La hermana dijo "amén y amén" ante esta
promesa En los veinte años que pasaron, por un lado
mantuvo el principio de que "Si alguno no quiere
trabajar, tampoco coma" (2 Tesalonicenses 3:10); y
por el otro experimentó que el Señor hacía que "ni la
harina de la tinaja escaseara, ni el aceite de la vasija
disminuyera" (ver 1 Reyes 17:8-16) El Señor no la
había desamparado ni la había dejado nunca.

3) Otra hija de Dios hacía mucho tiempo que se
encontraba enferma Justamente cuando estaba a
punto de desesperarse por completo, recordó las
palabras de Romanos 8:13: "Si vivís conforme a la
carne, moriréis; mas si por el Espíritu hacéis morir las
obras de la carne, viviréis " Este momento significó
un giro radical en su vida. Empezó a enfrentarse a

todas las circunstancias de acuerdo con las luces que el Señor le había dado Aun así, seguía sin observar mejoría alguna en su salud Así pues, un día oró de esta manera: "Señor, si las palabras de Romanos 8:13 son para mí, dame entonces una promesa más." Confesó su indignidad y reconoció su poca fe. En ese mismo momento le vinieron estas palabras en su interior: "Dios no es hombre para que mienta." Ella no estaba enterada de que tales palabras existían en la Biblia Cuando consultó una concordancia, se encontró con que se hallaban en Números 23:19

"Dios no es hombre para que mienta,
ni hijo de hombre para que se arrepienta
El dijo, ¿y no hará?
Habló, ¿y no lo ejecutará?"

El corazón de la hermana se llenó entonces de gozo y su boca de alabanzas A su tiempo, Dios la sanó de su enfermedad.

4) En cierta etapa de su peregrinaje espiritual, varios hijos de Dios entraron en una situación que no difería de la descrita en el Salmo 66: "Nos metiste en la red; pusiste sobre nuestros lomos pesada carga Hiciste cabalgar hombres sobre nuestra cabeza" (vv 11, 12a). No obstante, Dios les dio también la promesa siguiente: "Pasamos por el fuego y por el agua, y nos sacaste a abundancia" (v 12b) Esta promesa los fortaleció, a la vez que los reconfortaba

5) Varios hijos de Dios se encontraban en una gran prueba. Cada vez que oraban, la promesa siguiente los consolaba y fortalecía: "No os ha sobrevenido ninguna tentación que no sea humana; pero fiel es Dios, que no os dejará ser tentados más de lo que podéis resistir, sino que dará también juntamente con la tentación la salida, para que podáis soportar" (1 Corintios 10:13).

6) Un siervo del Señor se encontraba frente a una

dura prueba. Parecía como si un alto monte estuviera en su camino. Trepó por él hasta quedar totalmente exhausto y agotado; hasta que en él sólo quedaba un motivo mínimo de esperanza, que era el reflejado en estas palabras: "Hasta esta hora . Hasta ahora ." (1 Corintios 4:11, 13) Esto fue suficiente para ayudar a este siervo del Señor a atravesar el monte "Hasta ahora" lo habían considerado "como la escoria del mundo y el desecho de todos" (1 Corintios 4:13); sin embargo, "hasta ahora" había sido capaz de resistir. ¡Cuán cierto es que el tiempo en sí es una prueba para el hombre! Pero aun así, las promesas de Dios lo capacitan para resistir la prueba del tiempo, y resistir "hasta ahora"

7) Varios discípulos estaban amedrentados por las olas "y dieron voces de miedo Pero en seguida Jesús les habló, diciendo: ¡Tened ánimo; yo soy, no temáis!" (Vea Mateo 14:24-27) Cuando les vino esta promesa, su corazón angustiado se tranquilizó; las olas perdieron su fuerza y no los pudieron mandar al fondo del mar

Las realidades de Dios

Aunque no aparezcan unidas a la palabra "realidad", sí nos encontramos muchas realidades de Dios dentro de su Palabra Por "realidad" entendemos una obra divina que ya ha sido terminada.

En el Antiguo Testamento, Dios hizo la promesa de que el Señor Jesús nacería de una virgen (vea Isaías 7:14) Por esto, "cuando vino el cumplimiento del tiempo, Dios envió a su Hijo, nacido de mujer y nacido bajo la ley, para que redimiese a los que estaban bajo la ley, a fin de que recibiésemos la adopción de hijos" (Gálatas 4:4, 5) La promesa que encontramos en Isaías de que "la virgen concebirá y dará a luz un hijo", ya ha sido cumplida Igualmente, la crucifixión del Señor es ya una realidad El se ofreció a sí mismo una vez y obtuvo eterna redención para nosotros (vea Hebreos 9:12) Puesto que esta obra ya ha sido realizada, nadie puede pedirle ahora al Señor que venga a morir para redimirlo Igualmente es una realidad la venida del Espíritu Santo a la Iglesia, porque fue realizada de una vez por todas Puesto que es una realidad, no hay motivo alguno para que oremos pidiendo que venga el Espíritu Santo, porque no tenemos necesidad de orar así. (Por supuesto, esta observación se refiere a la *realidad* de la venida del Espíritu Santo a la Iglesia, y no a la experiencia personal de la venida del Espíritu Santo sobre cada uno de nosotros.)

Además de estos hechos, Dios ha realizado muchas cosas más en Cristo La Biblia nos dice que todas las cosas que pertenecen a la vida y a la piedad han sido realizadas en Cristo Por ejemplo, Efesios 1:3 dice: "Dios   nos bendijo con toda bendición espiritual en los lugares celestiales en Cristo." El versículo cuatro sigue diciendo inmediatamente: "según.   ", y sigue un largo párrafo que termina en el versículo 14 Con esto queda indicado que toda esta serie de versículos alude a las bendiciones espirituales realizadas en los lugares celestiales Todo esto sirve para explicar lo que Pedro quiere decir cuando declara que "todas las cosas que pertenecen a la vida y a la piedad nos han sido dadas por su divino poder" (2 Pedro 1:3). Todas ellas se hallan en Cristo en la forma de realidades cumplidas

En cuanto a las promesas de Dios, existe la posibilidad de que no se realicen, o incluso que sean anuladas, si no las reclamamos o no cumplimos la condición que suelen contener En cambio, las realidades de Dios no dejarán de cumplirse en nosotros porque no las pidamos Ya son realidades, y no hace falta que las pidamos (Nuevamente, esto se refiere a lo que Dios ya ha realizado en sí, y no a nuestra experiencia personal de esta realidad.) Dios nunca nos exige nada en especial para que obtengamos sus realidades Sólo nos basta con creer en ellas para obtenerlas Las promesas de Dios se pueden retardar, pero el hecho nunca es retenido Es imposible aceptar una realidad de Dios y después tener que esperar varios años a que nos la dé Todo cuanto Dios ya ha realizado y nos ha dado en Cristo, no puede ser pospuesto para el futuro Si Dios estuviera indeciso en dárnoslo, esta indecisión sería contradictoria con la realidad ya terminada Podemos ilustrar esta idea con dos casos:

Caso 1

Efesios 2:5, 6 nos habla del gran amor con el cual Dios nos ha amado: "Aun estando nosotros muertos en pecados, nos dio vida juntamente con Cristo (por gracia sois salvos), y juntamente con él nos resucitó, y asimismo nos hizo sentar en los lugares celestiales con Cristo Jesús " Esto que se dice aquí, ¿será promesa de Dios, o realidad? Las Escrituras nos muestran que todas estas cosas son realidades Es Dios el que nos ha dado vida juntamente con Cristo, y juntamente con El nos resucitó, y nos hizo sentar juntamente con Cristo en los lugares celestiales Todas estas son realidades cumplidas Puesto que son realidades cumplidas, es necesario que le demos gracias a Dios y lo alabemos, y que le manifestemos a Satanás que ya hemos resucitado y ascendido junto con Cristo No se trata de asumir una cierta actitud con el fin de *ser resucitados* y de *ser ascendidos*, sino de tomar la posición que le corresponde a quien ha sido resucitado y ascendido con El

Necesitamos comprender con claridad que la vida que hemos recibido cuantos pertenecemos a Cristo, no es otra que la vida resucitada y ascendida Si alguno sospecha que no recibimos esa vida a menos que la pidamos, sin duda es que no conoce lo que son las realidades cumplidas de Dios En realidad, Dios ya nos ha otorgado todas las cosas que pertenecen a la vida y a la piedad No nos hace falta pedirlas; nos basta con tomarlas. ¡Aleluya! Alabanzas sean dadas al Señor por estas gloriosas realidades, estas obras que ya han sido terminadas, realizadas por Cristo y otorgadas a nosotros por Dios

Caso 2

En Romanos 6:6 leemos: "Sabiendo esto, que nuestro viejo hombre fue crucificado juntamente con él, para que el cuerpo del pecado sea destruido, a fin de que no sirvamos más al pecado " Este versículo menciona tres cosas: el pecado, nuestro viejo hombre y el cuerpo del pecado. Aquí la palabra *pecado* se refiere a la naturaleza pecaminosa que reina en el hombre (Romanos 6:14; 7:17) *Nuestro viejo hombre* habla del yo que se deleita en hacerle caso al pecado *El cuerpo del pecado* significa este cuerpo nuestro que es marioneta del pecado y el que en realidad comete pecados Así el pecado reina en nuestro interior como un amo Dirige al viejo hombre para que haga que el cuerpo peque El viejo hombre representa todo lo que viene de Adán; es el que se inclina por naturaleza hacia el pecado; el que timonea al cuerpo rumbo al pecado Para que no pequemos, algunos han sugerido que es necesario que la raíz del pecado sea erradicada de nuestro interior; en cambio, otros han expresado la idea de que tenemos que suprimir a la fuerza el cuerpo exterior Sin embargo, el método de Dios es totalmente diferente al del hombre Dios no extirpa la raíz del pecado ni maltrata al cuerpo Su actuación se centra en el viejo hombre.

"Nuestro viejo hombre *fue* crucificado juntamente con él." Puesto que el Señor Jesús ya ha sido crucificado, nuestro viejo hombre también lo ha sido He aquí una realidad que Dios ha llevado a cabo por medio de Cristo

"Para que el cuerpo del pecado sea destruido" puede ser traducido con más exactitud de acuerdo con el original griego de esta manera: "Para que el cuerpo del pecado quede sin empleo " Dios ya ha crucificado a nuestro viejo hombre con Cristo en la cruz. En consecuencia, este cuerpo de pecado quedó sin empleo. Aunque nuestra naturaleza pecaminosa aún existe y nos sigue tentando activamente, el viejo hombre que anteriormente era usado por el pecado ha sido crucificado con Cristo en la cruz. De esta manera, el pecado ya no puede seguir reinando sobre nosotros, y quedamos liberados de él

No obstante, cuando el hombre se contempla a sí mismo y nota lo imperfecto y propenso al pecado que es, lo más probable es que le pida a Dios una segunda gracia o la renovación de alguna obra. Por ejemplo, la erradicación de la raíz de pecado, para quedar libre de él. También es posible que llegue a pensar que, aun cuando Cristo sí fue crucificado, su viejo hombre no lo fue Por tanto, le pedirá a Dios que crucifique a su viejo hombre No obstante, mientras más le pida a Dios que crucifique a su viejo hombre, más activo y más opresivo parecerá volverse éste

¿Por qué es esto así? Porque sólo conoce las promesas de Dios, sin conocer sus realidades, o porque al tomar por promesa lo que es realidad de Dios, lo miran desde una perspectiva equivocada Dios declaró de manera muy concreta que el viejo hombre *fue* crucificado con Cristo Con todo, es posible que este creyente tergiverse sus palabras y las haga significar que Dios *prometió* crucificar a su viejo hombre De ahí que le pida que lo haga Cada vez que peca, considera que su viejo hombre no ha sido crucificado aún Por lo tanto, vuelve a pedirle a Dios que lo haga Cada vez que es tentado, considera que aún no se ha hecho todo cuanto había que hacer con el viejo hombre Por esto cree que debe pedirle a Dios de nuevo que termine su obra en él Ignora que es una realidad cumplida el que su viejo hombre haya sido crucificado con Cristo. ¡Cuán diferente es esto de lo que es una promesa! A pesar de su constante oración, nunca logrará nada. Lo único que podrá hacer es clamar: "¡Miserable de mí!" (Romanos 7:24)

Necesitamos saber que Romanos 6:6 es una experiencia básica para todos los que son del Señor. Tenemos que pedirle al Espíritu del Señor que nos dé su revelación para que podamos ver que nuestro viejo hombre ya *fue* crucificado con Cristo. Así seremos capaces de creer, de acuerdo con la Palabra de Dios, que hemos muerto realmente al pecado (Romanos 6:10, 11) Sea cual fuere la forma que tome la tentación para hacernos creer que nuestro viejo hombre no ha muerto aún, es necesario que creamos en lo que Dios ya ha hecho, más que a nuestros sentimientos y nuestra experiencia. Cuando verdaderamente lleguemos a ver esto como una realidad, notaremos que nuestra experiencia personal al respecto surgirá de la manera más natural Observemos que las realidades de Dios no se llevan a cabo porque nosotros las creamos, sino al contrario; las creemos porque ya son realidades.

¿Qué es creer? Dios dijo que nuestro viejo hombre fue crucificado con Cristo, por lo que nosotros también decimos que nuestro viejo hombre *fue* crucificado con Cristo Nuestro viejo hombre está muerto: es una realidad Esta realidad Dios la ha cumplido por medio de Cristo, y ya no puede hacer nada más Tampoco nosotros podemos hacer otra cosa que creer en la veracidad de la Palabra de Dios. Lo que tenemos que hacer con respecto a las realidades de Dios, no es orar para que El las haga, sino creer que ya las ha hecho Tan pronto como creamos en una realidad de Dios, comenzaremos a experimentarla El orden señalado por Dios es el siguiente: *realidad, fe y experiencia* Este es un gran principio en la vida espiritual, y así ha de ser recordado

Algunos principios relativos a las realidades de Dios
De los casos que acaban de ser presentados, podemos derivar ciertos principios relativos a las realidades de Dios:

1) En primer lugar, hay que descubrir qué *es* realidad de Dios Para esto hace falta la revelación del Espíritu Santo

2) Después, cuando ya sabemos con certeza que algo es una verdadera realidad de Dios, debemos asirnos a su Palabra y creer que ya hemos llegado a ser lo que dice esa Palabra Debemos confiar en que somos lo que la realidad de Dios afirma.

3) Mediante una fe de esta naturaleza, debemos por una parte darle gracias a Dios por lo que ya somos, y por otra, actuar sobre el fundamento de esa realidad. De esta manera estaremos manifestando lo que somos realmente

4) Cada vez que seamos tentados o probados, tenemos que creer que la Palabra y las realidades de Dios son más dignas de confianza que nuestros propios sentimientos Si alguien cree plenamente la Palabra de Dios, El se hará responsable de hacerle tener la experiencia relacionada con ella En cambio, quien se vuelva a sus propias experiencias negativas

del pasado, sufrirá la derrota y carecerá de experiencias positivas en el futuro *Nuestra* responsabilidad está en creer en las realidades de Dios. El que las experimentemos es responsabilidad de *El* Si creemos en las realidades de Dios, veremos avanzar a diario nuestra vida espiritual

5) Las realidades de Dios requieren fe de parte del hombre, porque la fe es la única forma de substanciar una realidad y de traducirla en experiencia Las realidades de Dios se hallan en Cristo El hombre debe estar en Cristo antes de poder disfrutar de las realidades de Dios que hay en El Debemos estar unidos con Cristo primeramente, para experimentar las realidades completadas por Dios en El Tengamos bien presente que en el momento que fuimos salvos, fuimos unidos a Cristo Por tanto, ya nosotros estamos en Cristo (vea 1 Corintios 1:30; Gálatas 3:27; Romanos 6:3) Lo que pasa es que muchos de los que están "en Cristo" no "permanecen" en El Estos no permanecen por fe en la posición que Dios les ha dado en Cristo, por lo que las realidades de Dios no se hacen eficaces en su vida Por lo tanto, no sólo necesitamos *estar en Cristo,* sino también *permanecer* en El, para que las realidades de Dios se conviertan en experiencias personales nuestras

La necesidad de ver

Hemos declarado repetidas veces que las realidades de Dios son aquellas cosas que ya El ha hecho No tenemos que pedirle que haga nada más en ellas Sin embargo, si no vemos lo genuino de una realidad de Dios, entonces debemos pedirle que nos conceda revelación y luz para poder ver Gracias al espíritu de sabiduría y revelación podemos llegar a conocer realmente (Efesios 1:17, 18) Esto es algo que podemos pedir Le pedimos que nos permita *ver* No le pedimos *que haga* esa realidad, sino que nos deje ver lo que *ya ha hecho* Es necesario que podamos hacer esta distinción con toda claridad A fin de ayudarnos, usemos algunos ejemplos para explicarla

Ejemplo A

Una hermana, antes de ver la realidad de que estaba "en Cristo", pensaba que debía luchar, poniendo en juego sus propios esfuerzos, para entrar en Cristo; sin embargo, no sabía cómo entrar Un día oyó estas palabras: "Por él (por Dios) estáis vosotros en Cristo Jesús" (1 Corintios 1:30) En su interior vio que Dios ya la había puesto en Cristo Por tanto, no tenía necesidad de entrar

Ejemplo B

Unos cuantos hijos de Dios, antes de poder decir que "nuestro viejo hombre fue crucificado juntamente con él (con Cristo)", o trataban con mucho esfuerzo de crucificar a su viejo hombre, o le pedían a Dios que lo crucificara El resultado es predecible ¿Cómo puede uno crucificar a su viejo hombre? Mientras más trataban de crucificarlo, más activo se volvía Mientras más le pedían a Dios que lo hiciera, más confundidos se ponían Así fue, hasta que un día Dios les abrió los ojos para que viesen que El ya había crucificado a su viejo hombre con Cristo Entonces se dieron cuenta de lo necios que habían sido sus esfuerzos y oraciones del pasado

Ejemplo C

Una hermana no acababa de tener ideas claras en cuanto a la realidad del derramamiento del Espíritu Santo Una noche se encerró en su cuarto y leyó Hechos 2 Le pidió a Dios que le diera revelación a medida que fuera leyendo Dios le abrió los ojos para que viera tres puntos en este capítulo:

1) Cristo fue exaltado a la diestra de Dios; una vez que recibió del Padre la promesa del Espíritu Santo, lo derramó (v. 33).

2) "Dios le ha hecho Señor y Cristo" (v. 36)

3) Esta promesa (la del Espíritu Santo, a quien Cristo recibió y derramó) les fue dada a los israelitas para ellos, sus hijos y todos los que están lejos (v 39)

De esta manera vio que el derramamiento del Espíritu Santo es una realidad. Puesto que ya se había arrepentido y la habían bautizado, se encontraba incluida entre los que estaban lejos Por lo tanto, tenía participación en la promesa del Espíritu Santo. Viendo esto, se llenó de gozo y comenzó a alabar al Señor sin cesar.

Vamos a reiterar que, en lo que concierne a las realidades de Dios, no necesitamos pedirle que las haga. Lo único que necesitamos pedirle es que nos permita ver lo que El ya ha hecho No le pedimos que nos ponga ahora en Cristo; solamente le pediremos que nos muestre que ya nos ha puesto en El. De manera similar, no le pedimos que crucifique ahora a nuestro viejo hombre; en cambio, le pediremos que nos haga ver que ya El ha crucificado a nuestro viejo hombre juntamente con Cristo. De igual manera, no le pediremos que derrame ahora del cielo al Espíritu Santo; en cambio, le pediremos que nos permita ver que ya ha sido derramado. (Hechos 1:13, 14 dice que los apóstoles, juntamente con las mujeres y con María la madre de Jesús, y con sus hermanos, perseveraban unánimes en oración y ruego Hechos 2:1 indica que cuando llegó el día de Pentecostés, todos estaban unánimes juntos, porque el Espíritu Santo no había sido derramado todavía Sin embargo, Hechos 8:15-17 nos dice que Pedro y Juan oraron por los creyentes de Samaria y les impusieron las manos para que pudieran recibir al Espíritu Santo Los apóstoles no oraron para que el Espíritu Santo fuese derramado desde el cielo. Este derramamiento desde el cielo es una realidad, mientras que la venida del Espíritu Santo sobre una persona en particular, es una experiencia.) Lo que tenemos que hacer es pedirle a Dios que nos muestre que se trata de una realidad Tan pronto como veamos esto interiormente, nuestra reacción lógica será creer y entonces lo experimentaremos.

Resumamos ahora las diferencias básicas que existen entre las promesas de Dios y sus realidades En la Biblia son promesas las palabras que Dios ha hablado antes de realizar el hecho, mientras que las realidades son la Palabra de Dios después de que El las ha llevado a cabo. En cuanto a las promesas de Dios, lo que necesitamos es aceptarlas por fe. En cambio, en cuanto a las realidades de Dios, no sólo debemos aceptarlas por fe, sino también empezar a disfrutar de ellas como hechos ya terminados. Por consiguiente, tiene gran importancia que distingamos las realidades de las promesas cuando leemos la Palabra de Dios. Cada vez que leemos algo relacionado con la gracia de Dios — es decir, con la obra que Dios ha realizado para nosotros — debemos hacernos esta pregunta: "¿Me hallo ante una promesa, o una realidad?" Si es una promesa y es condicional, en primer lugar debemos cumplir la condición, y luego orar hasta que Dios nos dé la seguridad interior de que esa promesa es para nosotros. Así tendremos fe en que El nos ha oído y, como la cosa más natural, comenzaremos a alabarlo. A pesar de que lo que Dios ha prometido está aún por realizarse, tenemos la fe necesaria para aceptarlo como si ya estuviera en nuestras manos. En cambio, si el asunto en cuestión resulta ser una realidad, debemos ejercer de inmediato nuestra fe para agradecérselo, diciendo: "Dios mío, efectivamente; esto ya es así." Creamos que somos realmente así, y actuemos como corresponde a quien es así De esta manera demostraremos nuestra fe

He aquí algunas cosas más que es bueno recordar:

1) Antes de buscar las promesas del Señor debemos resolver primero el problema de la fe llena de impurezas, puesto que una persona con la mente confundida o cuyas emociones sean calenturientas puede tomar esto o aquello con mucha facilidad como promesa de Dios para El De esta manera le parece tener una promesa para hoy, como le pareció tenerla para ayer Las escoge como si se tratara de una lotería y le llegan con gran facilidad Sin embargo, estas "promesas de Dios", son engañosas y no son de fiar en nueve casos de cada diez (Con esto no queremos dar a entender que no debamos fiarnos de las promesas de Dios Simplemente queremos decir que se trata de cosas que la persona ha considerado como promesas de Dios cuando en realidad sólo son deseos de su mente, y no promesas que haya recibido del Señor) Además, las personas con prejuicios, las que tienen una voluntad muy fuerte y las que son muy subjetivas, tienden a tomar como promesa de Dios aquella parte de su Palabra que retienen en su mente, y que se adapta a sus deseos, o que interpretan de manera subjetiva Esto no es digno de confianza alguna, por lo que causará muchas desilusiones e incluso dudas con respecto a la Palabra de Dios. Por esta razón, antes de buscar las promesas de Dios, tenemos que pedirle que ilumine nuestro corazón para que podamos conocernos a nosotros mismos Es necesario que le pidamos que limpie nuestro corazón y nos dé gracia para que estemos dispuestos a rendirnos y esperar tranquilamente en El Sólo entonces sus promesas se imprimirán de forma espontánea y clara en los rincones más recónditos de nuestro corazón

2) Una vez que recibamos una promesa de Dios,

debemos empezar a usarla Charles Spurgeon dijo en cierta ocasión: "Creyentes, les suplico que no traten las promesas del Señor como si fueran antigüedades en exhibición Al contrario: deben usarlas a diario como manantiales de consolación, y de confianza continua en el Señor en los momentos de prueba." No hay duda alguna de que estas palabras de Spurgeon nacían de una amplia experiencia

3) El que ha recibido realmente una promesa de Dios está por lo general tranquilo y sosegado en medio de las pruebas, porque para él esa promesa vale tanto como si ya estuviera realizada. Cuando Pablo fue constreñido por el Señor durante su estancia en Corinto, tuvo una visión en la cual el Señor le dijo: "No temas, sino habla, y no calles; porque yo estoy contigo, y ninguno pondrá sobre ti la mano para hacerte mal .. Y se detuvo allí un año y seis meses" (Hechos 18:9-11) En otra ocasión, durante su viaje a Roma, cuando se encontró con los peligros del mar, permaneció firme en medio de los demás pasajeros y les pudo declarar: "Varones, tened buen ánimo; porque yo confío en Dios que será así como se me ha dicho" (Hechos 27:25). No le bastó con creer en la promesa de Dios, sino que la compartió con los demás y les dio ánimo con ella Observemos además que, "habiendo dicho esto, tomó el pan y dio gracias a Dios en presencia de todos, y partiéndolo, comenzó a comer" (Hechos 27:35) Esa era la actitud de Pablo para con las promesas de Dios. Esto creó una impresión tan profunda en los demás pasajeros, que todos ellos, "teniendo ya mejor ánimo, comieron también" (vea Hechos 27:23-25, 35, 36)

Un santo de Dios dijo en cierta ocasión que todas y cada una de las promesas de Dios están construidas sobre cuatro fundamentos, a saber: la justicia, la santidad, la gracia y la verdad de Dios La justicia de

Dios le impide ser infiel a sus promesas; su santidad le impide engañar; su gracia le impide olvidar y su verdad le impide cambiar de opinión. Otro santo proclamaba que una promesa de Dios, aunque se demore, nunca se demorará mucho También el salmista declara delante de su Señor: "Acuérdate de la palabra dada a tu siervo, en la cual me has hecho esperar" (Salmo 119:49). Esta es una oración sumamente poderosa Las promesas de Dios nos dan una esperanza viva. ¡Aleluya!

4) Una vez que hayamos visto las realidades de Dios, la fe las sigue mirando y considerándolos siempre como las realidades que son Cada vez que experimentemos un fracaso, debemos buscar su causa y condenar la acción de ésta Si esa causa es nuestra duda, hasta el punto de llegar a negar la realidad de Dios en vista de nuestros fracasos, esto demostraría que tenemos aún un "corazón malo de incredulidad" (Hebreos 3:12) Debemos pedirle a Dios que nos lo quite

Por tanto, comprendamos que "somos hechos participantes de Cristo, con tal que retengamos firme hasta el fin nuestra confianza del principio" (Hebreos 3:14)

escritàs en el pacto, ya que se halla obligado por él.

En cuanto al pacto en sí, éste se convierte ahora en asunto de fidelidad y no de gracia. Mirándolo desde el punto de vista de que Dios está dispuesto a obligarse a sí mismo al pactar con el hombre, ésta es, sin duda, la expresión más alta de su gracia. ¡Cuánto ha tenido que condescender para colocarse en el mismo nivel del hombre y realizar un pacto con él! Una vez hecho el pacto, Dios se encuentra sometido a sus restricciones. Le guste o no, Dios no puede violar sus propios pactos ¡Cuán grande y cuán noble es la realidad de que Dios se haya dignado pactar con el ser humano!

El porqué de los pactos de Dios con los hombres
¿Por qué pacta Dios con el hombre? Para comprenderlo, tenemos que retroceder en la historia hasta la primera vez en que hizo un arreglo de este tipo con el ser humano. Estrictamente hablando, la primera ocasión en que vemos a Dios pactando con el hombre en el Antiguo Testamento tuvo lugar durante los días de Noé. Antes de aquel momento, Dios no había hecho ningún pacto con el hombre De ahí que el pacto que Dios hizo con Noé pueda ser considerado como el más antiguo

Dios expresa su pensamiento en los pactos
Al observar a Dios pactando con Noé, comprendemos cuán difícil es para Dios hacer que el hombre sepa lo que El piensa Durante los días de Noé, la humanidad pecaba de manera tan terrible que de su iniquidad se podía decir que había llegado a su plenitud Como consecuencia, Dios la destruyó mediante un diluvio. Sin embargo, se preocupó de Noé y su familia, y también de muchas criaturas vivientes. Quería conservarles la vida Por eso hizo un pacto con Noé, diciéndole:

"Mas estableceré mi pacto contigo, y entrarás en
el arca tú, tus hijos, tu mujer, y las mujeres de
tus hijos contigo Y de todo lo que vive, de toda
carne, dos de cada especie meterás en el arca,
para que tengan vida contigo; macho y hembra
serán De las aves según su especie, y de las
bestias según su especie, de todo reptil de la
tierra según su especie, dos de cada especie
entrarán contigo, para que tengan vida Y toma
contigo de todo alimento que se come, y almacé-
nalo, y servirá de sustento para ti y para ellos"
(Génesis 6:18-21)

Con el fin de conservarles la vida, Dios pensó hasta
en su alimento Así es como este pacto nos revela lo
amoroso y sensible que es el corazón de Dios para con
el hombre

Tal como fuera profetizado, el diluvio inundó la
tierra Todas las aves, ganado, bestias y reptiles de la
tierra se ahogaron junto con los seres humanos, con
excepción de la familia de Noé y las criaturas vivientes que él había metido en el arca Dios había actuado
de acuerdo a las palabras de su pacto

Por más de un año, mientras permanecieron ence-
rrados en el arca, Noé y su familia no veían otra cosa
que agua y más agua, y no oían otra cosa que el ruido
de las olas Cuando las aguas cedieron y ellos salieron
del arca, estaban tan atemorizados que se pregunta-
ban si Dios visitaría de nuevo a la humanidad con un
diluvio A pesar de que se encontraban a salvo,
tenían el corazón lleno de temor

Sabemos que cuando Dios mandó el diluvio para
juzgar a la humanidad, se vio forzado a hacerlo: "Y
vio Jehová que la maldad de los hombres era mucha
en la tierra, y que todo designio de los pensamientos
del corazón de ellos era de continuo solamente el mal

Y se arrepintió Jehová de haber hecho hombre en la tierra, y *le dolió* en su corazón" (Génesis 6:5, 6) Así se nos revela cómo es el corazón de Dios Con el fin de borrar la terrible impresión que el diluvio había dejado en la mente de los sobrevivientes, y para hacerles estar seguros de que no le complacía destruir a nadie, Dios los consoló y les dio a conocer lo que pensaba al darles una prueba especial, que tomó la forma de un pacto:

"Y habló Dios a Noé y a sus hijos con él, diciendo: He aquí que yo establezco mi pacto con vosotros, y con vuestros descendientes después de vosotros; y con todo ser viviente que está con vosotros; aves, animales y toda bestia de la tierra que está con vosotros, desde todos los que salieron del arca hasta todo animal de la tierra. Estableceré mi pacto con vosotros, y no exterminaré ya más toda carne con aguas de diluvio, ni habrá más diluvio para destruir la tierra Y dijo Dios: Esta es la señal del pacto que establezco entre mí y vosotros y todo ser viviente que está con vosotros, por siglos perpetuos: Mi arco he puesto en las nubes, el cual será por señal del pacto entre mí y la tierra Y sucederá que cuando haga venir nubes sobre la tierra, se dejará ver entonces mi arco en las nubes Y me acordaré del pacto mío, que hay entre mí y vosotros y todo ser viviente de toda carne; y no habrá más diluvio de aguas para destruir toda carne Estará el arco en las nubes, y lo veré, y me acordaré del pacto perpetuo entre Dios y todo ser viviente, con toda carne que hay sobre la tierra Dijo, pues, Dios a Noé: Esta es la señal del pacto que he establecido entre mí y toda carne que está sobre la tierra" (Génesis 9:8-17)

En este pacto Dios declaró tres veces que no volvería a haber un diluvio De esta manera mitigaba el temor de todos los miembros de la familia de Noé y los alentaba a asirse de las palabras del pacto para descansar confiados en ellas, en vez de tener temor.

En esta circunstancia se puede ver el motivo que tienen los pactos. Debido a la falta de comprensión que tiene el hombre en cuanto a las buenas disposiciones de Dios, El le da al hombre un pacto a modo de juramento al cual asirse Al pactar con el hombre, Dios le informa abiertamente cuáles son las intenciones de su corazón Es como abrirle el corazón al hombre para que éste vea lo que hay en él. ¡El Señor, el Creador de los cielos y de la tierra, se interesa tanto por el hombre que hasta las piedras se sentirán movidas a alabarlo!

Dios aumenta la fe del hombre mediante los pactos
Recordemos a continuación el relato del pacto entre Dios y Abraham.

Abraham demostró tener amor, valentía y pureza de intenciones en el doble incidente en que volvió a recibir a su sobrino Lot y rechazó las riquezas de Sodoma (vea Génesis 14:12-24) Sin embargo, Dios le dijo después: "No temas, Abram; yo soy tu escudo, y tu galardón será sobremanera grande" (Genesis 15:1) Así fueron revelados los sentimientos íntimos de Abraham: por un lado no podía dejar de preocuparle que aquellos cuatro reyes pudieran regresar un día en plan de venganza Por el otro, se sentía secretamente triste porque Lot se le había ido, puesto que no tenía hijo propio alguno Por lo tanto, Dios llegó exactamente en el momento oportuno para consolarlo y fortalecerlo

Sin embargo, la respuesta de Abraham indicaba que él no estaba satisfecho con la promesa de Dios

"Y respondió Abram: Señor Jehová, ¿qué me darás, siendo así que ando sin hijo, y el mayordomo de mi casa es ese damasceno Eliezer?" (Génesis 15:2). No se daba cuenta de lo llena de gracia que estaba la promesa de Dios Se sentía bastante pesimista; tenía sus propias ideas y planes Sin embargo, ¿cómo reaccionó Dios? "Luego vino a él palabra de Jehová, diciendo: No te heredará éste, sino un hijo tuyo será el que te heredará. Y lo llevó fuera, y le dijo: Mira ahora los cielos, y cuenta las estrellas, si las puedes contar Y le dijo: Así será tu descendencia" (vv 4, 5) ¿Qué fueron estas palabras de Dios? Una promesa, no una realidad Pero Abraham creyó en la promesa de Dios, y "le fue contado por justicia" (v. 6) Al creer, se convirtió en el padre de la fe.

Después que Abraham creyó en la primera promesa de Dios, vino la segunda promesa: "Y le dijo: Yo soy Jehová, que te saqué de Ur de los caldeos, para darte a heredar esta tierra" (v. 7) ¿Creyó Abraham en esta promesa? Su capacidad era muy pequeña y le dio expresión a su duda al preguntarle: "Señor Jehová, ¿en qué conoceré que la he de heredar?" (v 8) Esta promesa era demasiado grande para que la fe de Abraham la pudiera captar; de manera que le pidió a Dios que le diese una prueba de qué asirse

¿Tenía Dios alguna forma de remediar la pequeñez de la fe de Abraham? ¿Qué hizo? Estableció un pacto con él (vea v 18) Por tanto, hacer un pacto es *completar* aquello que queda insuficiente con la promesa sola Esta es la mejor forma de *vérselas* con la incredulidad, y *aumenta* la medida de fe del ser humano Quizá Abraham no fuera capaz de creer en la promesa de Dios; con todo, El no podría alterar lo que le había prometido A causa de su incredulidad, Dios estableció un pacto con Abraham para ayudarlo a creer Por eso le dijo a Abraham:

"Tráeme una becerra de tres años, y una cabra de tres años, y un carnero de tres años, una tórtola también, y un palomino Y tomó él todo esto, y los partió por la mitad, y puso cada mitad una enfrente de la otra; mas no partió las aves Y sucedió que puesto el sol, y ya oscurecido, se veía un horno humeando, y una antorcha de fuego que pasaba por entre los animales divididos" (Génesis 15:9, 10, 17)

¿Qué significa todo esto? Era Dios que estaba haciendo un pacto con Abraham Este simbolismo expresaba que el pacto que estaba estableciendo llegaba hasta las entrañas y la sangre Los cuerpos de aquellos animales fueron divididos y su sangre fue derramada Dios atravesó entre las mitades para darle a Abraham la seguridad de que el pacto que El estaba realizando era eternamente inalterable y que nunca sería anulado

Dios sabía lo limitada que era la fe de Abraham A menos que El le aumentara su capacidad de creer, nada se cumpliría La realización del pacto fue, por lo tanto, el método que utilizó para aumentar la fe de aquel hombre No sólo le hizo una promesa, sino que hizo un pacto con él respecto a lo que iba a hacer De esta manera, hizo que Abraham creyese Al haber establecido un pacto, Dios no podía hacer otra cosa que actuar de acuerdo a él; de lo contrario, dejaría de ser fiel, justo y legal Bajo la seguridad de un pacto de esta naturaleza, la capacidad de fe que tenía Abraham aumentó, como es normal

Dios pacta con el hombre para darle seguridad

Veamos ahora el pacto que Dios hizo con David. En 2 Samuel 7:4-16 y el Salmo 89:19-36 se nos habla del mismo acontecimiento, aunque 2 Samuel 7 no nos informa que Dios estaba estableciendo un pacto con

David, mientras que el Salmo 89 declara abiertamente que las palabras que le habló Jehová a David por medio del profeta Natán constituían un pacto Dios les dio su Palabra como motivo de seguridad a David y a sus descendientes El se deleita en ver a los hombres asidos de su Palabra, pidiéndole que proceda de acuerdo a la misma Esta es la razón primordial de sus pactos con los hombres .

Las palabras que Dios le dirigió a David eran bien claras:

"Si dejaren sus hijos mi ley, y no anduvieren en mis juicios, si profanaren mis estatutos, y no guardaren mis mandamientos, entonces castigaré con vara su rebelión, y con azotes sus iniquidades. Mas no quitaré de él mi misericordia, ni falsearé mi verdad No olvidaré mi pacto, ni mudaré lo que ha salido de mis labios Una vez he jurado por mi santidad, y no mentiré a David Su descendencia será para siempre. ."
(Salmo 89:30-36a)

Todas estas palabras se refieren al pacto que hizo Dios con David Si los hijos de David no cumplían sus mandamientos, serían visitados por la vara Aun así, El no quebrantaría su pacto

¿Cuándo fue escrito el Salmo 89? Durante la época en que el reino de Judá fue destruido y su pueblo fue llevado al destierro de Babilonia Durante ese período en particular parecía como que Dios hubiera olvidado el pacto que había hecho con David El salmista, viendo la trágica caída de la nación, se dirigió a Dios de esta manera: "Mas tú desechaste y menospreciaste a tu ungido, y te has airado con él Rompiste el pacto de tu siervo; has profanado su corona hasta la tierra" (vv 38, 39) Le está recordando a Dios el pacto que había establecido con David Asiéndose del pacto, interroga a Dios: "Señor, ¿dónde están tus antiguas misericordias, que juraste a David por tu verdad?" (v 49) Fijémonos en lo que dice aquí el salmista Ora mientras se mantiene asido del pacto Con toda intención, el Espíritu Santo hizo poner por escrito esta oración llena de preguntas, con el fin de mostrarnos lo mucho que Dios se complace con los hombres que se apoderan de las seguridades dadas por El y oran de acuerdo con ellas De esta manera, será El el glorificado Dios se deleita en que el hombre se aproxime a El de acuerdo a los términos de sus pactos para orar e incluso para inquirir. Le produce gozo que el hombre solicite de El que actúe en consonancia con todas las promesas suyas contenidas en sus pactos

Cómo utilizar los pactos

Después de establecer un pacto con el hombre, Dios sería infiel a ese pacto e injusto si no llevara a cabo todo lo que se encuentra escrito en el mismo Sabemos que El pacta con nosotros a fin de que cobremos valor para hacerle preguntas y pedirle que cumpla cuanto ha dicho en su pacto, puesto que es lo justo. Ahora se halla obligado por el pacto Por tanto, debe actuar en justicia Esta es la razón por la que todos aquellos que saben lo que es un pacto, saben también cómo orar: son capaces de pedirle a Dios con toda confianza Aclaremos esto con los ejemplos siguientes:

Ejemplo 1

"Oh Jehová, oye mi oración, escucha mis ruegos; respóndeme por tu verdad, por tu justicia" (Salmo 143:1). Aquí David le pide a Dios que lo oiga, no por misericordia y por gracia; antes bien, reclama la fidelidad y la justicia de Dios No suplica; ora confiadamente. David sabía lo que era un pacto y cómo valerse de él

Ejemplo 2

Al terminar la construcción del santo templo, Salomón dijo: "Bendito sea Jehová Dios de Israel, quien con su mano ha cumplido lo que prometió con su boca a David mi padre" (2 Crónicas 6:4; vea 2 Samuel 7:12, 13) Arrodillándose luego en presencia de toda la asamblea de Israel, extendió sus brazos hacia el cielo y oró: "Jehová Dios de Israel. . . que *guardas el pacto* y la misericordia con tus siervos que caminan delante de ti de todo su corazón . . Ahora, pues, Jehová Dios de Israel, cumple a tu siervo David mi padre lo que le has prometido. . Ahora, pues, oh Jehová Dios de Israel, cúmplase tu palabra que dijiste a tu siervo David" (2 Crónicas 6:14-17). Bien sabía Salomón que algunas de las cosas del pacto que hiciera Dios con su padre David ya habían sido cumplidas, mientras que otras habrían de ser cumplidas de manera continuada; por consiguiente, le pidió a Dios que cumpliese todo lo que El había prometido de acuerdo a su pacto Esto es orar de acuerdo a un pacto, asiéndose en oración a la seguridad que El ha dado en ese pacto

Ejemplo 3

Como dijéramos anteriormente, el Salmo 89 fue escrito después de que el pueblo de Israel fue llevado cautivo a Babilonia Durante ese período, según todas las apariencias, daba la sensación de que ya todo se había acabado; que la promesa de Dios había caducado y que El se había vuelto atrás en cuanto al pacto que hiciera con David. De ahí que el salmista parece estar tratando de hacer que Dios recuerde ese pacto cuando le pregunta: "Señor, ¿dónde están tus antiguas misericordias, que juraste a David por tu verdad?" (v 49) Una vez más, esto es orar de acuerdo a un pacto, asiéndose de lo que Dios ha prometido en él

Cómo reconocer los pactos de Dios

¿Cómo podemos reconocer los pactos de Dios? "La comunión íntima de Jehová es con los que le temen, y a ellos hará conocer su pacto" (Salmo 25:14) A menos que Dios mismo nos muestre su pacto, no hay manera de conocerlo Es posible que oigamos hablar acerca de los pactos de Dios, e incluso que los comprendamos en algo Sin embargo, a no ser que haya una revelación de Dios, no tenemos fuerzas para asirnos de su Palabra De ahí que tengamos necesidad de que el Señor nos la manifieste en nuestro espíritu

¿A qué clase de personas puede guiar Dios? A las que le temen, porque "la comunión íntima de Jehová es con los que le temen, y a ellos hará conocer su pacto" ¿Qué es "temer a Dios"? Temerlo es santificar su nombre Esto es, exaltarlo a El Los que buscan la voluntad de Dios con sencillez de corazón y lo obedecen de manera absoluta, son los que le temen Es a éstos a quienes comunicará sus secretos y les mostrará su pacto Los perezosos, descuidados, llenos de dudas o arrogantes no tienen por qué esperar que Dios les revele su intimidad o sus pactos El sólo les hace conocer su intimidad y les revela sus pactos a quienes le temen Esto puede ser atestiguado por todos los que temen al Señor De modo que, para llegar a conocer realmente los pactos del Señor, tenemos que aprender a temerle

3
Observaciones generales acerca del Nuevo Pacto

Dios ha hecho varios pactos con el hombre Los más notables son los que estableció con Noé, con Abraham, con los israelitas que salieron de Egipto, y también con David Hay otro más que hizo con los hijos de Israel en la tierra de Moab, además del que hizo con ellos en Horeb (vea Deuteronomio 29:1) Pero más allá de todos éstos, hay un pacto que Dios estableció mediante el Señor Jesucristo; el que se conoce comúnmente como "el Nuevo Pacto" Aunque hay muchos pactos, los más importantes son el pacto con Abraham y el Nuevo Pacto

El Nuevo Pacto sucede al pacto con Abraham
El Nuevo Pacto supera, a la vez que sucede, al pacto con Abraham. Se nos expone en Gálatas 3 que estos dos pactos se hallan en la misma línea de pensamiento Aunque el pacto mosaico de la Ley que Dios estableció con Israel se halla entre ambos (vea Gálatas 3:15-17), la Ley "fue añadida a causa de las transgresiones" (Gálatas 3:19; Romanos 5:20) Sólo el pacto con Abraham y el Nuevo Pacto fueron estable-

cidos · sobre una promesa y, por tanto, sobre el
fundamento de la fe (vea Gálatas 3:7, 9, 16, 17;
Hebreos 8:6) Pertenecen al mismo sistema. Entre el
pacto con Abraham y el Nuevo se halla el Pacto de la
Ley, realizado entre Dios y el pueblo de Israel Este es
aquel "primer pacto" mencionado en Hebreos 8:7, y
que también solemos llamar "Pacto Antiguo" El
Pacto Antiguo (o "Antiguo Testamento") no se refiere en realidad a los treinta y nueve libros agrupados
en el Antiguo Testamento (de Génesis a Malaquías)
Estrictamente hablando, el Pacto Antiguo cubre el
período comprendido entre el capítulo 19 del Exodo y
la muerte del Señor Jesús Las condiciones estipula-
das en el Pacto Antiguo son de naturaleza recíproca
Si los hijos de Israel guardan la Ley, Dios los
bendecirá; pero si ellos violan la Ley, El los castigará.
Este es el Pacto Antiguo Con todo, hay un pacto que
es anterior al Antiguo, y es el que Dios hizo con
Abraham El Nuevo Pacto es una continuación del
pacto con Abraham, y no del Pacto Antiguo

El primer pacto era defectuoso

"Porque si aquel primero hubiera sido sin defecto,
ciertamente no se hubiera procurado lugar para el
segundo" (Hebreos 8:7) Esto indica que el primero
ha sido hallado defectuoso En cuanto al pacto *en sí*,
"la ley es santa" (Romanos 7:12), "la ley es espiritual"
(Romanos 7:14), "la ley es buena" (1 Timoteo 1:8)
Pero en cuanto a la *función* del primer pacto, "por
medio de la ley es el conocimiento del pecado"
(Romanos 3:20), "y la ley no es de fe, sino que
(citando Levítico 18:5) el que hiciere estas cosas vivirá
por ellas" (Gálatas 3:12) Todo esto nos está diciendo
que la Ley exige que hagamos el bien, pero no puede
dar la vida y el poder necesarios para hacer ese bien
¿Por qué? Porque "era imposible para la ley, por

cuanto era débil por la carne" (Romanos 8:3). De ahí que "por las obras de la ley ningún ser humano será justificado delante de él" (Romanos 3:20) En resumen, "nada perfeccionó la ley" (Hebreos 7:19). Así es como el Antiguo Pacto es hallado defectuoso.

Nosotros sabemos que todas las palabras escritas desde Exodo 19 hasta Exodo 24 se hallan incluidas en el pacto que Dios hizo con Israel. En el mes tercero de la salida de ellos de la tierra de Egipto, llegaron al desierto del Sinaí, y allí acamparon delante del monte. Moisés compareció delante de Dios y éste le dijo que anunciara a los hijos de Israel: "Si diereis oído a mi voz, y guardareis mi pacto, vosotros seréis mi especial tesoro sobre todos los pueblos; porque mía es toda la tierra" (Exodo 19:5). Cuando el pueblo oyó estas palabras, respondió a una sola voz: "Todo lo que Jehová ha dicho, haremos" (Exodo 19:8), (ver además Exodo 19:1-8) Entonces Moisés, después de proclamar todas las palabras del pacto, "tomó la sangre y roció sobre el pueblo, y dijo: He aquí la sangre del pacto que Jehová ha hecho con vosotros sobre todas estas cosas (Exodo 24:8)

Ahora bien, en el pacto se hallan incluidas palabras como éstas: "No tendrás dioses ajenos delante de mí No te harás imagen, ni ninguna semejanza . No te inclinarás a ellas. . " (Exodo 20:3-5) ¿Guardó el pueblo de Israel estas palabras? Nosotros sabemos que aun antes de que Moisés bajara del monte Sinaí con las tablas del testimonio, el pueblo de Israel ya había hecho un becerro de oro y lo había adorado en el llano (vea Exodo 32:1-8) Es decir que, aun antes de que le llegaran las tablas del testimonio, ya el pueblo había quebrantado el pacto En esto consiste el defecto del primer pacto

Después de esto, ¿fue el pueblo de Israel capaz de guardar el pacto de Dios? No, no lo fue Al contrario;

los israelitas provocaban a Dios tentándolo y probándolo, aun cuando fueron testigos presenciales de sus obras durante cuarenta largos años Erraban en su corazón y desconocían los caminos de Dios. Veían su obra, pero no conocían sus caminos En esto consiste también el defecto del primer pacto

"Porque reprendiéndolos dice: He aquí vienen días, dice el Señor, en que estableceré con la casa de Israel y la casa de Judá un nuevo pacto; no como el pacto que hice con sus padres el día que los tomé de la mano para sacarlos de la tierra de Egipto; porque ellos no permanecieron en mi pacto " (Hebreos 8:8, 9a)

¡Cuánto deseaba Dios que permanecieran fieles a su pacto! Pero ellos no fueron capaces A pesar de la decisión que habían tomado de seguir al Señor, no lo pudieron seguir a diario con fidelidad Aunque experimentaron un avivamiento en una ocasión, no lo siguieron viviendo todos los días Este es otro de los defectos del primer pacto

"Sabemos que la ley es espiritual; mas yo soy carnal, vendido al pecado   Y yo sé que en mí, esto es, en mi carne, no mora el bien; porque el querer el bien está en mí, pero no el hacerlo" (Romanos 7:14, 18). La experiencia de Pablo nos demuestra que la Ley en sí es espiritual, pero es débil a través de la carne (Romanos 8:3) Una vez más, he aquí otro defecto del primer pacto

El Nuevo Pacto es el mejor

Si el primer pacto es defectuoso, ¿cómo es el segundo? El segundo es el Nuevo Pacto (Hebreos 8:7, 13) El Nuevo Pacto está fundado en una promesa mejor (Hebreos 8:6), y no está escrito sobre tablas de piedra, sino sobre corazones de carne (2 Corintios

3:3) Con respecto al Nuevo Pacto, Dios pone sus leyes en la mente del hombre y las escribe en su corazón (Hebreos 8:10b) Es decir, que en el Nuevo Pacto es Dios el que al mismo tiempo da la obligación y capacita al hombre para que cumpla su voluntad. A los que hemos creído, el Nuevo Pacto nos proporciona vida y poder para que hagamos el bien que deseamos hacer, de manera que Dios sea nuestro Dios y nosotros seamos su pueblo (Hebreos 8:10c; Tito 2:14) Nos ayuda también a conocer a Dios más íntimamente dentro de nosotros mismos, aun sin necesidad de que nos lo enseñen los hombres (Hebreos 8:11) Por consiguiente, somos santificados por la sangre del pacto (Hebreos 10:29), que es "un mejor pacto" (Hebreos 7:22; 8:6) y "un pacto eterno" (Hebreos 13:20) Tenemos ansias de gritar ¡Aleluya! ¡Cuán dulce, glorioso y lleno de gracia es el Nuevo Pacto!

El Nuevo Pacto contiene las promesas de Dios y las realidades de Dios

Hemos dicho anteriormente que las palabras de gracia que Dios nos da comprenden sus promesas, sus realidades y sus pactos De estas tres cosas, la tercera reúne en sí a la primera y la segunda. Ahora trataremos de observar más de cerca, tanto las promesas como las realidades contenidas en este pacto de Dios Las Escrituras nos muestran que el pacto de Dios es también promesa La diferencia entre ambos está en que la promesa de Dios es aquello que El dice, mientras que en el pacto, ha "interpuesto juramento" además (vea Hebreos 6:17) Si la promesa obliga a Dios, el pacto lo obliga mucho más Cuando Dios estableció su pacto con Abraham, juro por sí mismo (Hebreos 6:13, 14). Más adelante se dice que "queriendo Dios mostrar más abundantemente a los herederos de la promesa la inmutabilidad de su consejo, interpuso juramento" (6:17) Más aún: "Juró el Señor, y no se arrepentirá" (7:21b) Por lo tanto, el pacto obliga y restringe más a Dios

En las palabras de Hebreos 9:15-18 entendemos claramente que en el Nuevo Pacto (o "Testamento") hay tanto una realidad como una promesa: "Donde hay testamento, es necesario que intervenga muerte del testador" (v 16) De esta manera vemos que en las Escrituras la palabra "testamento" tiene dos significados: uno de ellos es "acuerdo", mientras que el otro es "testamento legal", relacionado con la herencia Por tanto, podemos describir el Nuevo Pacto diciendo que es a la vez un pacto y un testamento legal

Las promesas de Dios

No se puede pactar sin hacer promesas Hay promesas en todos los pactos, pero las promesas ordinarias no dan seguridad, mientras que las promesas contenidas en un pacto pasan por un procedimiento legal, con lo que quedan protegidas por la ley, que obliga a cumplirlas Para aquellos que han aprendido profundamente de la gracia de Dios, y lo conocen íntimamente, las promesas de Dios y sus pactos no difieren gran cosa, porque saben que El es fiel y justo Tienen fe en que, una vez que Dios ha prometido algo, lo cumplirá. Con ellos, Dios no tiene necesidad de darles forma legal a sus promesas Para estas personas, las promesas de Dios son tan válidas como sus pactos Sin embargo, para aquellos cuya fe es débil, los pactos de Dios difieren notablemente de sus promesas, porque parecen garantizar el cumplimiento de las promesas que contienen Aunque no podamos decir que todas las promesas de Dios sean pactos, en cambio sí podemos atrevernos a decir que todos los pactos de Dios contienen promesas suyas.

"Pero ahora tanto mejor ministerio es el suyo, cuanto es mediador de un mejor pacto, establecido sobre *mejores promesas*" (Hebreos 8:6) Esto nos dice que el Nuevo Pacto es un pacto mejor, porque ha sido establecido sobre promesas mejores

Las realidades de Dios

Los pactos de Dios no contienen solamente promesas, sino también declaraciones relacionadas con la herencia que les entrega a los que pactan con él. Hebreos 9:15 habla de "la promesa de la herencia eterna", mientras que el versículo 16 habla de un "testamento" La palabra "testamento" incluye la idea de que se deja algo en herencia, ya sea una propiedad o una cosa Lo dejado en herencia es la realidad Por ejemplo, un padre deja escrita en su testamento legal la forma en que serán distribuidas sus propiedades, ya sea a su hijo o a otras personas. Los que reciben su herencia disfrutan de las cosas que él ha dejado. Por consiguiente, un testamento no es un conjunto de palabras vacías; tiene que ver con realidades palpables. Puesto que un testamento es también un pacto, es lógico que lleguemos también a la conclusión de que existen realidades en los pactos.

Sin embargo, los pactos de Dios son diferentes a sus promesas y a sus realidades, aunque las contengan a ambas Sin promesas ni realidades, los pactos serían vacíos y carentes de sentido. Le damos gracias a Dios por la gran cantidad de promesas y realidades que ha reunido en el Nuevo Pacto Sea el Señor alabado, porque el Nuevo Pacto es tan rico y perfecto.

La dispensación del Nuevo Pacto

Antes de estudiar la dispensación del Nuevo Pacto, veamos primero con quiénes lo establece Dios Además, necesitamos saber cuándo lo establece.

¿Con quiénes establece Dios sus pactos?

Según la Biblia, Dios no ha hecho nunca pacto alguno con los gentiles. Por tanto, no ha hecho el Nuevo Pacto con ellos. Puesto que Dios no ha establecido pacto previo alguno con la Iglesia, ¿cómo podría hacer entonces un *segundo* (o Nuevo) pacto con ella, si no ha hecho todavía el primero (o Antiguo)? Entonces, ¿con quiénes establece el Nuevo Pacto? "He aquí que vienen días, dice Jehová, en los cuales haré nuevo pacto con *la casa de Israel* y con *la casa de Judá.* No como el pacto que hice con sus padres el día que tomé su mano para sacarlos de la tierra de Egipto " (Jeremías 31:31, 32a). Cuando los hijos de Israel salieron de Egipto, Dios hizo un pacto con ellos. Ahora declara que hará un nuevo pacto, también con ellos. Esto nos informa claramente que Dios no establece su Nuevo Pacto con los gentiles, sino con la casa de Israel y con la casa de Judá.

¿Cuándo se establece el Nuevo Pacto?

"He aquí que vienen días" (Jeremías 31:31). Esto nos indica que cuando estas palabras fueron pronunciadas, esos días todavía no habían llegado. Continúa hablando el Señor: "Este es el pacto que haré con la casa de Israel después de aquellos días, dice Jehová" (v 33a). De acuerdo con el contenido de ese pacto, nosotros creemos que las palabras "aquellos días" se refieren al comienzo del milenio. Durante ese tiempo, Dios hará un Nuevo Pacto con la casa de Israel.

Entonces, ¿cómo es que el tiempo presente es llamado "dispensación del Nuevo Pacto"?

Si Dios establecerá el Nuevo Pacto con la casa de Israel en días futuros, ¿cómo podemos decir que nuestra época es la "dispensación del Nuevo Pacto"? ¡Esto es, en verdad, algo muy maravilloso y patentiza grandemente la gracia de Dios! La noche que fue entregado, el Señor Jesús, "tomando la copa, y habiendo dado gracias, les dio, diciendo: Bebed de ella todos; porque esto es mi sangre del nuevo pacto. " (Mateo 26:27, 28a). ¡El Nuevo Pacto! ¡Cuán melodioso, cuán maravilloso y atrayente! A pesar de que el libro de Jeremías, que está en el Antiguo Testamento, habla del Nuevo Pacto, durante varios cientos de años no se volvió a oír nada acerca de él, como si este Pacto fuera un tesoro olvidado. Durante los treinta y tantos años del Señor en la tierra, nunca hizo mención del Nuevo Pacto Día tras día, año tras año, soslayó toda referencia al mismo Entonces, ¿cómo es que, mientras cenaba con sus discípulos fue cuando tomó la copa, la bendijo y se la dio diciendo: "Bebed de ella todos; porque esto es mi sangre del nuevo pacto"? En ese momento, no sólo mencionó el Nuevo Pacto, sino que dejó establecido: "Esto es mi sangre del nuevo pacto"

¡Señor santo y bondadoso, te adoramos con lágrimas de gratitud, y te alabamos con lágrimas de gozo! ¡Cuán lleno de vida y de riqueza es el Nuevo Pacto! Para los que no te conocen, no es más que letra muerta. Sin embargo, Señor, Tú que sabes lo que es, nos lo has revelado. Tú abriste los tesoros espirituales de los cielos y distribuiste esos tesoros entre tus amados. ¡Señor, esto es verdaderamente maravilloso y manifiesta en grado sumo tu gracia! Queremos agradecértelo y alabarte por ello una vez más

Debido a la excelente grandeza de la gracia del Señor, este Nuevo Pacto es aplicable ahora a todo el pueblo redimido. Aunque será después de aquellos días cuando Dios hará un nuevo pacto con la casa de Israel y con la casa de Judá, todos los redimidos pueden disfrutarlo de antemano, ya que el Señor ha pagado el precio con su sangre Esto es exactamente lo mismo que el hecho de que somos justificados por fe al igual que Abraham, aun cuando Dios hizo su pacto con él, y no con nosotros.

Estamos hoy bajo el Nuevo Pacto que Dios le ha prometido a Israel que disfrutaría un día, debido a que ya Jesús ha derramado su sangre, que es la sangre del Nuevo Pacto El Señor nos está edificando con el principio del Nuevo Pacto. Nos está bendiciendo con las bendiciones del Nuevo Pacto. Sabemos que el Señor Jesús no derramó su sangre solamente para lograr la remisión de nuestros pecados, sino también para establecer el Nuevo Pacto. En realidad, la remisión de los pecados es sólo un proceso, una vía que lleva a la meta. El propósito final del derramamiento de sangre es el establecimiento del Nuevo Pacto. La expiación sustitutiva de Cristo está relacionada con la institución del Nuevo Pacto en el sentido de que, si no está solucionado el problema del pecado, las bendiciones del Nuevo Pacto no pueden venir sobre nosotros Gracias al Señor, su sangre resuelve el problema del pecado e inaugura el Nuevo Pacto. Por esta razón, la edad presente es, con toda verdad, la dispensación del Nuevo Pacto. ¡Cuánto alabamos a Dios por ello!

El contenido del Nuevo Pacto

¿Cuál es el contenido del Nuevo Pacto? Haremos ahora un esbozo general, para desarrollar más adelante sus diversos aspectos.

"Por lo cual, este es el pacto que haré con la casa de Israel después de aquellos días, dice el Señor: Pondré mis leyes en la mente de ellos, y sobre su corazón las escribiré; y seré a ellos por Dios, y ellos me serán a mí por pueblo; y ninguno enseñará a su prójimo, ni ninguno a su hermano, diciendo: Conoce al Señor; porque todos me conocerán, desde el menor hasta el mayor de ellos. Porque seré propicio a sus injusticias, y nunca más me acordaré de sus pecados y de sus iniquidades" (Hebreos 8:10-12).

Este pasaje de la Biblia nos dice claramente que el Nuevo Pacto contiene tres partes principales:

1) Dios pondrá sus leyes en nuestra mente y las escribirá sobre nuestro corazón. De esta manera, El podrá ser nuestro Dios y nosotros podremos ser su pueblo Esta parte se refiere a que El entra en los humanos y se une con ellos en su misma vida.

2) Al estar dentro de nosotros, esta ley nos capacitará para conocer a Dios sin necesidad de ser enseñados por otros. En esto consiste el conocimiento interior de Dios.

3) Dios será misericordioso con nuestras iniquidades y no se acordará más de nuestros pecados. En esto consiste el perdón de los pecados

Hebreos 8:10, 11 forma una unidad, mientras que el versículo 12 comienza un nuevo tema. La conjunción "porque" que encabeza este versículo parecería darnos a entender que el perdón de los pecados es algo ya hecho. Hablando desde el punto de vista de Dios, los versículos 10 y 11 revelan sus propósitos; de ahí que estén colocados primero. En cambio, el versículo 12 aparece después, porque se refiere al proceso que emplea Dios para llegar a esos propósitos. Sin embargo, hablando desde el punto de vista de nuestra experiencia espiritual, tenemos que Dios perdona nuestras iniquidades y se olvida de nuestros pecados antes de poner sus leyes en nuestra mente y escribirlas sobre nuestro corazón para poder ser nuestro Dios y que nosotros podamos ser su pueblo, y lo conozcamos a El de una manera más profunda

Podemos resumir estas partes principales del Nuevo Pacto de la siguiente forma:

Nuevo Pacto $\begin{cases} \text{purificación} \\ \text{vida y poder} \\ \text{conocimiento interior} \end{cases}$

El Nuevo Pacto satisface nuestras necesidades de una manera perfecta No es necesario añadirle nada, y tampoco hay la posibilidad de quitarle nada Simplemente, lo que Dios ha hecho es "demasiado" perfecto Al salvarnos, El nos da estas tres magníficas bendiciones en el Señor Jesús Por tener el Nuevo Pacto, disponemos de purificación, de vida y de poder y también de conocimiento interior de Dios. Es mi anhelo que todos podamos decir: ¡Cuán perfecto y glorioso es el Nuevo Pacto! ¡Con cuánta generosidad nos ha tratado Dios!

4
La seguridad del Nuevo Pacto

"Esto es mi sangre del nuevo pacto, que por muchos es derramada para remisión de los pecados" (Mateo 26:28) Este versículo indica que la sangre de Cristo es la sangre del Nuevo Pacto Esta sangre es derramada especialmente para establecer ese Pacto. Es decir, que el Nuevo Pacto es inaugurado mediante sangre, por lo que es digno de fiar y seguro

La necesidad de la sangre

¿Por qué se ha de iniciar el Nuevo Pacto mediante sangre? ¿Por qué este pacto es eficaz solamente si es inaugurado con sangre? Para entender esto, nos hace falta volver al relato del huerto de Edén, con el fin de reconocer el motivo de las exigencias de la Ley

Sabemos que cuando Adán fue sacado del huerto del Edén, perdió el estilo de vida y la herencia que tenía, además de su amistad íntima con Dios La muerte reinó desde Adán hasta Moisés (Romanos 5:14). El pecado y la muerte reinaron desde Moisés hasta Cristo (Romanos 5:21). Esto no significa que desde Adán hasta Moisés no hubiera pecado La

Biblia nos dice que "antes de la ley había pecado en el mundo; pero donde no hay ley, no se inculpa de pecado" (Romanos 5:13) En el monte Sinaí, Moisés recibió de Dios el pacto de la Ley Aquel pacto era condicional: si el pueblo guardaba sus palabras, sería bendecido; si no, sería maldecido (Galatas 3:10, 12). Entonces, ¿por qué se le dio la Ley? "Porque por medio de la ley es el conocimiento del pecado" (Romanos 3:20), para que pudieran estar "confinados bajo la ley" (Gálatas 3:23) Según esto, estaban bajo el dominio del pecado, al igual que habían estado antes bajo el dominio de la muerte

Antes de que Cristo viniera al mundo, los seres humanos sufrían dos grandes pérdidas: la que les venía de Adán por haber pecado éste y la que les venía de su propia incapacidad para guardar la Ley de Dios Cuando reinan el pecado y la muerte, estamos separados de Dios y no podemos disfrutar de su presencia Nos volvemos necios y no conocemos a Dios No poseemos la vida espiritual ni el poder necesarios para hacer la voluntad de Dios Ni en Adán ni en la Ley tenemos nada de qué gloriarnos, sino sólo exclamar: "¡Miserable de mí! ¿quién me librará del pecado y de la muerte?" ¿No hay forma de resolver el problema del pecado y el de la muerte? Ciertamente la hay: al derramar su sangre, el Señor Jesús resolvió ambos problemas Gracias a que El derramó su sangre, nosotros no tenemos que morir, y recibimos la limpieza de nuestros pecados

El plan original de Dios era darnos su propia vida y todas las cosas que pertenecen a la piedad Debido a nuestro pecado y a la muerte que viene del pecado, quedamos apartados de El e incapaces de obtener nada de lo que le pertenece Perdimos lo que Dios ya nos había dado y lo que tenía intención de darnos, pero ahora la sangre del Señor Jesús nos limpia de nuestro pecado y restaura nuestras relaciones con El (Efesios 2:13). De esta manera, cualquier cosa que El ya nos haya dado, o que nos vaya a dar, nos podrá llegar sin dilación. De ahí que la sangre del Señor Jesús no sólo nos reconcilia con Dios (Colosenses 1:20), sino que nos da a Dios mismo (Romanos 8:32).

La sangre de Cristo ha consumado la obra de la redención eterna. La sangre de los toros y de los machos cabríos, de la cual dependía el pueblo en la dispensación del Antiguo Pacto, sólo servía para que recordara año tras año sus propios pecados (Hebreos 10:3, 4). En cambio Cristo, que entró de una vez por todas con su propia sangre en el Lugar Santísimo, nos ha obtenido eterna redención (Hebreos 9:12). Su sangre ha limpiado de tal manera nuestra conciencia (Hebreos 9:14), que ya no tenemos conciencia de pecado (Hebreos 10:2) Gracias a Dios, la sangre de Cristo ha resuelto perfectamente y para siempre el problema del pecado.

Por el derramamiento de la sangre de Cristo tenemos ahora la remisión de pecados (Hebreos 9:22; Mateo 26:28; Efesios 1:7). El conocimiento de esta realidad es algo realmente glorioso Todos los que son sensibles a lo vergonzoso y aborrecible que es el pecado, sienten agradecimiento ¡Cuánto le agradecemos a Dios que la sangre del Señor Jesús no se haya limitado a resolver los problemas del pecado y de la muerte, sino que nos haya restaurado también todo lo que nosotros habíamos perdido, además de darnos lo que nunca antes habíamos tenido! Esa sangre ha realizado una obra maravillosa sobremanera, pues gracias a ella hemos recibido a Dios mismo

De ahí que la sangre de Jesús no sirva solamente para expiar nuestros pecados a fin de que no seamos castigados, sino que además nos restaura completamente todo lo que perdimos en el huerto del Edén, a

la vez que nos da muchas cosas nuevas El Señor dijo:
"Esta copa es el nuevo pacto en mi sangre" (Lucas
22:20) Por consiguiente, la sangre del Señor fue
derramada por una parte para remisión de los pecados, en el sentido negativo de hacer desaparecer todo
cuanto es dañino para nosotros, y por otra, para
inaugurar el Nuevo Pacto, el cual, hablando en
sentido positivo, nos devuelve toda la herencia perdida y nos añade cosas nuevas. Es decir, que la sangre
del Señor sirve tanto para la expiación como para la
restauración

La relación entre la sangre y los pactos

¿Qué relación hay entre la sangre y los pactos?
Podemos decir que la sangre es el fundamento de un
pacto, mientras que el pacto en sí es el documento La
sangre sienta las bases del pacto, y éste manifiesta el
documento que se apoya en la sangre Sin sangre no
se podría inaugurar ningún pacto, ni tampoco llegaría
a ser eficaz Dios detalla en el pacto toda la herencia
que El nos da y lo sella con la sangre del Señor Jesús
Este Nuevo Pacto de la sangre del Señor Jesús es el
que nos sirve de base para entrar en posesión de
nuestra herencia espiritual

De acuerdo con lo dicho, el Nuevo Pacto es un
documento absolutamente legal Está hecho absolutamente de acuerdo con los justos procedimientos de
Dios No es solamente la Palabra hablada de Dios,
sino una especie de documento que El ha redactado
utilizando la sangre de Cristo Tal como ya sabemos
acerca de la salvación de Dios, todo cuanto fue hecho
antes de la crucifixión del Señor Jesús, fue hecho por
gracia, pero todo cuanto ha sido hecho después, es
hecho por su justicia

Esto no significa que después de la crucifixión del
Señor ya no haya gracia Simplemente sugiere que,

como sucede entre el agua y la tubería, sucede entre la gracia de Dios que fluye hacia nosotros, y la justicia que la canaliza: "Así como el pecado reinó para muerte, así también la gracia reine por la justicia para vida eterna mediante Jesucristo, Señor nuestro" (Romanos 5:21) La gracia reina por la justicia. Dios no se limita a darnos la gracia, sino que nos la da por la justicia. Esta es la gracia de Dios: que El nos amó y mandó a su Hijo, el Señor Jesús, para que muriera por nosotros Si no nos hubiera amado, no nos habría dado su gracia, ni habría venido el Señor Jesús para llevar a cabo su obra de expiación. No obstante, después de que el Señor Jesús murió por nosotros, y la obra de la redención fue terminada, es la justicia de Dios la que nos salva, si creemos en el Señor

Nunca podremos decir que Dios no nos da su gracia. Si no lo hiciera, no habría Nuevo Pacto. Sin embargo, si todo lo que Dios nos da estuviera edificado únicamente sobre la gracia, nuestra fe podría tambalear, porque la gracia puede cesar un día, ya que no se halla sujeta a ningún procedimiento legal. Tenemos que agradecerle a Dios que no nos dé solamente su gracia, sino que la exprese en un pacto. Con el fin de dárnosla, Dios se ata a sí mismo mediante un pacto Podríamos decir que la gracia aparece vestida de justicia Esta justicia no elimina la gracia. Al contrario: es su más alta expresión

Lo que nosotros recibimos es la gracia de Dios; no obstante, Dios ha establecido un pacto con nosotros mediante la sangre de Cristo, para que le podamos pedir que nos trate de acuerdo con su justicia tomando como base ese pacto Ciertamente nos hallamos en el ámbito de la gracia, pero esta gracia nos es comunicada a través de la justicia La sangre de Cristo ha llegado a ser el justo fundamento que nos asegura que el pacto de Dios con nosotros *nunca* puede fallar Así pues, cuando nos acercamos a Dios basándonos en la sangre y la justicia, El no puede menos que cumplirnos todo cuanto se halla especificado en el pacto.

El que tiene buena experiencia en las cosas del Señor, habrá observado que los pactos de Dios son "tratamientos" aplicados contra la incredulidad. El los usa para curar a los incrédulos. Por ejemplo, con el fin de obtener el perdón de los pecados, alguien podría orar hasta obtener paz en su corazón, como evidencia del perdón. Sin embargo, lo que la Palabra de Dios declara en realidad, es esto: "Si confesamos nuestros pecados, él es fiel y justo para perdonar nuestros pecados, y limpiarnos de toda maldad" (1 Juan 1:9). Tenemos que observar una cosa: *si hemos confesado* nuestros pecados La confesión de la que se habla aquí no es, por supuesto, una confesión hecha en forma descuidada, o que esté carente de todo sentimiento de repugnancia hacia el pecado. De ninguna manera. La confesión de la que se habla aquí es la que brota de la vista y de la condenación del pecado expuesto a la luz y abiertamente reconocido delante de Dios. Nosotros confesamos y Dios perdona. Si confesamos nuestros pecados, debemos creer que El nos ha perdonado, y así tendremos perfecta paz en nuestro corazón.

Cierto hermano formuló esto de la manera siguiente: "Si uno hace la parte que le corresponde, ¿Dios no va a hacer la suya?" Realmente, estas palabras tienen mucho sentido. La cuestión es: ¿Ha confesado sus pecados? Si lo ha hecho realmente, lo único que tiene que hacer es creer en la Palabra de Dios, sin importarle qué siente, qué dirán los demás, o qué pensamientos podrá tratar de infiltrar Satanás en su mente

Por esta razón, se debe vivir la vida cristiana asiéndose de la Palabra de Dios, y confiando en que

El es fiel y justo. Cualquier cosa que El diga, así es. Si nosotros permanecemos firmes en el pacto que el Señor Jesús ha establecido, Dios tendrá cuidado de nosotros. El realizará todo lo que se halla en ese pacto, porque ya ha aceptado la ·sangre de Jesús. Puesto que Dios ha atado su voluntad al pacto, ahora puede moverse únicamente dentro de los límites de dicho pacto Si Dios no hubiera hecho un pacto con nosotros, estaría libre para tratarnos como le pareciera; pero desde el momento en que estableció un pacto con nosotros, tiene que actuar de acuerdo a las palabras contenidas en él, porque no puede ser injusto. Le damos gracias a Dios por amarnos y por ser compasivo con nosotros hasta el punto de tratarnos como a justos. ¿Puede haber una gracia más grande que ésta?

Sin la sangre del Señor Jesús, no merecemos nada; sin embargo, mediante su sangre lo tenemos todo. Por su sangre tenemos ahora derecho a disfrutar de todo lo que contiene el pacto. Cuando nos acercamos a Dios por medio de la sangre del Señor Jesús, y le pedimos que nos bendiga en conformidad con el pacto que ha hecho con nosotros, estamos seguros de que lo hará, porque El no puede faltar a su propia justicia Este Nuevo Pacto se fundamenta en la sangre misma del Señor El ya pagó su precio. Lo único que tenemos que hacer nosotros es pedirle a Dios que nos conceda lo que contiene, de acuerdo al valor que tiene la sangre de Cristo ante El Un hermano lo expresó muy correctamente: "Nadie sabe cuánto valor tiene la sangre de Jesús " Nosotros no podemos comprender su valor, pero no tenemos que evaluarla de acuerdo a nuestra manera de juzgar Sólo necesitamos pedirle a Dios que nos trate de acuerdo con el valor que tiene esa sangre para El, y en conformidad con el pacto que fue sellado con esa sangre. Podemos acercarnos a El para decirle: "Señor, quiero esto porque Tú eres el Dios del pacto " Nuestro Dios nunca fallará, ni quebrantará jamás su pacto

La sangre del Nuevo Pacto nos ha resuelto el problema de los pecados, ha quitado el obstáculo que había entre Dios y nosotros, nos ha devuelto la herencia perdida y nos ha otorgado "toda bendición espiritual en los lugares celestiales" "en las cosas que pertenecen a la vida y a la piedad" (Efesios 2:12, 13, 18, 19; 1:3; 2 Pedro 1:3) Todo lo que se encuentra escrito en el Nuevo Pacto es la bendita porción que nos corresponde gracias a la sangre Según Hebreos 8:10-12, el Nuevo Pacto contiene tres partes sumamente valiosas: purificación, vida y poder, y conocimiento interior Estas serán estudiadas detalladamente en los capítulos 6 a 8 La razón de que no sepamos cómo relacionarnos con Dios de acuerdo a las palabras del pacto, radica en nuestra falta de comprensión en cuanto a la cantidad de bendiciones que la sangre nos ha ganado Recordemos siempre que todas las bendiciones espirituales y toda herencia espiritual nos vienen del pacto en la sangre La sangre de Cristo es el fundamento de este Nuevo Pacto

De ahí que, cuando pedimos de acuerdo a lo estipulado en el pacto, no estamos pidiendo cosas que no nos pertenezcan Más bien estamos reclamando lo que nos está reservado en Dios (1 Pedro 1:3, 4). Orar de acuerdo al pacto no es orar en el aire, sino al contrario, reclamar lo que ya se nos ha otorgado en ese pacto Cuando pedimos de acuerdo al pacto, Dios debe ponerse de nuestra parte, a causa del pacto mismo Por esta razón, sucede muchas veces que, cuando nos allegamos a Dios de acuerdo al Nuevo Pacto de la sangre, "reclamamos" en vez de "pedir" Por supuesto que con esto no estamos sugiriendo que ya hoy en día no necesitemos orar Lo que queremos decir en realidad es que, en nuestras oraciones de hoy, el elemento "reclamación" ha de superar al elemento "petición"

Cierto hermano que conoce bien a Dios, declaró en cierta ocasión que "a partir del Calvario, todo lo que es 'pedir' en la Biblia debe ser transformado en 'tomar' " A estas palabras, todos los que conocen a Dios — los que conocen el Calvario y la sangre de Cristo — habrán de responder con un amén. Recordemos siempre que a través de esa sangre reclamamos lo que es nuestro por derecho. Seguiremos insistiendo en que el principio que rige actualmente la relación entre Dios y nosotros es su justicia, al mismo tiempo que su gracia. Todo lo que El nos otorga en el Nuevo Pacto es ahora nuestro por derecho. Para estar en total acuerdo con su justicia, Dios no puede dejar de darnos todo lo que se encuentra estipulado en el pacto, si nosotros lo reclamamos.

A veces nos puede parecer que Dios ha olvidado su pacto. Cuando eso suceda, podemos recordárselo "Hazme recordar" (Isaías 43:26), dice el Señor. El quiere que le hagamos recordar. Hay ocasiones en que le podemos decir con reverencia: "Dios mío, te ruego que recuerdes tu pacto y las palabras de tu promesa. Actúa de acuerdo con lo que has prometido; cumple en mí tu pacto " Si le pedimos así, y lo hacemos con fe, podemos estar seguros de que no dejaremos de recibir de El lo que le hemos pedido.

Una gran oración

"Y el Dios de paz que resucitó de los muertos a nuestro Señor Jesucristo, el gran pastor de las ovejas, por la sangre del pacto eterno, os haga aptos en toda obra buena para que hagáis su voluntad, haciendo él en vosotros lo que es agradable delante de él por Jesucristo; al cual

sea la gloria por los siglos de los siglos Amén"
(Hebreos 13:20, 21).

Esta oración de fe es una de las grandes oraciones
de la Biblia. El escritor de la epístola a los Hebreos
pide en esa oración que, por la sangre del pacto
eterno, Dios haga que Jesucristo, a quien El ha
resucitado de los muertos, habite en nosotros, para
que podamos hacer su voluntad y andar de acuerdo a
lo que es agradable delante de El. Esto nos muestra,
además, cómo esta oración de fe — esta gran oración — se fundamenta en el pacto que ha hecho firme
la sangre que el Señor derramó. Debemos tener la fe
necesaria para asirnos del pacto y orar en consecuencia. Gracias al pacto, le podemos decir así: "Dios mìo,
te pido de acuerdo a lo estipulado en tu pacto." Las
oraciones de esa naturaleza son poderosas, y la fe de
esa índole es eficaz. La confianza depositada en el
pacto incrementa el valor con que nos allegamos a
Dios.

Recordemos que tenemos derecho a orar de acuerdo a los términos del pacto. Podemos pedirle a Dios
que actúe de acuerdo a su pacto. No obstante, si no
tenemos fe, nuestra oración no tendrá ningún valor.
Dios ha reservado todas las cosas en el Nuevo Pacto
exactamente en la misma forma que una persona
deposita su dinero en el banco Si esa persona cree,
puede sacarlo continuamente.

Puesto que el Nuevo Pacto es inaugurado por la
sangre del Señor Jesús, es digno sobremanera de todo
crédito Nuestro Dios se ha restringido a sí mismo
con el pacto. El condesciende hasta el punto de pactar
con nosotros, para que podamos creer en El y
acercarnos a El, y nos da un documento tangible en el
que podemos apoyarnos al orar Por tanto, cantemos
con denuedo:

Todas las promesas del Señor Jesús,
son apoyo poderoso de mi fe;
mientras luche aquí buscando yo su luz,
siempre en sus promesas confiaré

Grandes, fieles,
las promesas que el Señor Jesús ha dado;
grandes, fieles,
en ellas para siempre confiaré.

Declaremos también con gozo:

¡Cuán firme cimiento se ha dado a la fe,
de Dios en su eterna Palabra de amor!
¿Qué más El pudiera en su libro añadir
si todo a sus hijos lo ha dicho el Señor?

5

Nuevo Pacto
y Nuevo Testamento

En el capítulo tres, cuando estudiamos las promesas y las realidades del Nuevo Pacto, mencionamos que la palabra "testamento" de Hebreos 9:16 responde a una palabra griega traducida también como "pacto" En dicha epístola hay bastantes lugares donde se habla del pacto Podemos decir que uno de los objetivos de Hebreos es decirnos lo que es realmente el Nuevo Pacto Los capítulos 6 a 13 están especialmente dedicados a este tema A continuación describiremos la relación que existe entre el Nuevo Pacto y el Nuevo Testamento

"Así que, por eso es mediador de un nuevo pacto, para que interviniendo muerte para la remisión de las transgresiones que había bajo el primer pacto, los llamados reciban la promesa de la herencia eterna Porque donde hay testamento, es necesario que intervenga muerte del testador. Porque el testamento con la muerte se confirma; pues no es válido entre tanto que el testador vive" (Hebreos 9:15-17)

Aparte de su significado básico y más obvio, la palabra traducida "mediador" en el versículo 15, en su forma griega significa también "uno que actúa a modo de garante para asegurar así algo que de otra manera no sería obtenido" De ahí que puede ser igualmente traducida como "albacea" La palabra "testamento" de los versículos 16 y 17 es, en el texto griego, la misma palabra que se traduce por "pacto" Así pues, este pasaje de las Escrituras nos habla de cuatro cosas importantes: 1) de que el pacto es también un testamento; 2) del testador; 3) del albacea; 4) del testamento puesto en vigor.

El pacto es también un testamento

¿Por qué es el pacto al mismo tiempo un testamento? ¿Quién es el que hace pacto con nosotros? ¿El Señor Jesús, o Dios? Según la Palabra de Dios, es El quien pacta con nosotros, y no el Señor Jesús El pactante es Dios. No obstante, el Señor Jesús es el que hace realidad plena el pacto, ya que éste es inaugurado por medio de su sangre

En cuanto a Dios, se trata de un pacto, ya que El ha entrado en un acuerdo con nosotros En cambio, en cuanto al Señor Jesús, se trata de un testamento, porque El murió para que nosotros podamos recibir la promesa de la herencia eterna (Hebreos 9:15) Los pactos son válidos sin que tengan que morir los pactantes En cambio, un testamento no se puede poner en vigor hasta que no muera el testador Por tanto, es Dios el que establece el pacto con nosotros, y mediante la muerte del Señor Jesús, nosotros recibimos la herencia que se nos promete en el testamento

En cuanto a contenido, el Nuevo Pacto y el Nuevo Testamento son exactamente la misma cosa Son iguales también en cuanto a la herencia que recibimos La única diferencia consiste en la forma de enfocarlos: desde el punto de vista de Dios o desde el del Señor Jesús. De acuerdo con el pacto que Dios ha hecho con nosotros, es El quien perdona nuestros pecados para que podamos estar limpios de ellos. Es El quien nos da vida y poder, y nos imparte conocimiento interior para que podamos conocerlo de una manera más profunda. De acuerdo con el testamento que el Señor Jesús hizo a favor nuestro, es El quien nos ha legado la purificación, la vida, el poder y el conocimiento de Dios.

El Señor Jesús como testador

Como lo hemos mencionado antes, el Nuevo Pacto fue profetizado en tiempos de Jeremías. Sin embargo, durante los siglos que transcurrieron después de esta profecía, tal pareció que Dios había dejado de lado aquella promesa. No obstante, un día; esto es, en la misma noche en que fue entregado, el Señor Jesús "tomó pan; y habiendo dado gracias, lo partió, y dijo: . . Esto es mi cuerpo que por vosotros es partido. . Asimismo tomó también la copa, después de haber cenado, diciendo: Esta copa es el nuevo pacto en mi sangre" (1 Corintios 11:23-25).

El Nuevo Pacto que menciona es aquel gloriosísimo nuevo pacto del que hablara Jeremías (31:31). Y ahora, por la sangre del Señor Jesús, dicho pacto se ha convertido en nuestra herencia y lo podemos disfrutar abiertamente. Esto indica que el Nuevo Pacto es el testamento del Señor, y que El es el testador. En su testamento El nos dio la herencia espiritual que se halla incluida en el Nuevo Pacto, según está descrito en Hebreos 8:10, 12. Todo cuanto se obtenga a través del testamento, no es algo que tuviese originalmente el creyente. Tampoco puede ser producto de su propio trabajo, porque todo se lo ha legado en herencia el Señor Jesús.

El Señor Jesús como albacea

El Señor no es sólo el testador, sino también el albacea de su propio testamento Como dijéramos anteriormente, el hecho de que El sea el mediador del Nuevo Pacto significa que es además su albacea Al redactar un testamento, es importante conseguir testigos, pero es más importante aún contar con alguien que lo ponga en vigor El testamento no servirá para nada si carece de albacea

Tenemos que darle gracias a Dios porque el Señor Jesús es al mismo tiempo testador y albacea El es el testador por su muerte y el albacea por su resurrección El llevó la sangre al lugar Santísimo (Hebreos 9:12), dando a entender así que el testador había muerto Ahora está en el cielo, actuando como Mediador del Nuevo Pacto, con lo que prueba que tiene poderes de albacea ¡Cuán digno es el Señor de ser alabado! "Ahora tanto mejor ministerio es el suyo, cuanto es mediador de un mejor pacto" (Hebreos 8:6)

"Os habéis acercado al monte de Sion, a la ciudad del Dios vivo, Jerusalén la celestial, a la compañía de muchos millares de ángeles, a la congregación de los primogénitos que están inscritos en los cielos, a Dios el Juez de todos, a los espíritus de los justos hechos perfectos, a Jesús el Mediador del nuevo pacto, y a la sangre rociada que habla mejor que la de Abel" (Hebreos 12:22-24)

No nos hemos acercado a un monte que se pueda palpar (v 18), sino que nos hemos llegado al monte Sion, al lugar donde se hallan reunidos con Dios los ángeles, los espíritus de los hombres justos y la asamblea de los primogénitos Allí está también el Señor Jesús, el Mediador del Nuevo Pacto El está en el cielo no sólo como Sumo Sacerdote, sino también como Mediador Nos sirve de albacea para poner en vigor el Nuevo Pacto El hará que el pacto en su sangre produzca fruto en nosotros, porque tendremos la vida y el poder necesarios para obedecer a Dios, capacidad para conocerlo de una manera más profunda, y paz en nuestra conciencia gracias al perdón de los pecados. El es el garante de todas estas cosas Por la fidelidad y la justicia de Dios, este pacto nunca fallará ni será quebrantado Por el poder de la resurrección del Señor, es eficaz para siempre ¡Aleluya! El Señor nos deja una rica herencia, y tiene el poder necesario para cumplir su propio testamento

El testamento puesto en vigor

"Donde hay testamento, es necesario que intervenga muerte del testador Porque el testamento con la muerte se confirma ." (Hebreos 9:16, 17a). Un día el Señor dijo: "Esta copa es el nuevo pacto en mi sangre" (Lucas 22:20). Esto es tanto como afirmar que el testador está muerto y que, por lo tanto, el pacto ha entrado en vigor Al llevar su sangre al lugar Santísimo (Hebreos 9:12), el Señor Jesús le declara a Dios que el testador ha muerto Nosotros, los que vivimos, también sabemos que el testador ha muerto, puesto que, cuantas veces comemos ese pan y bebemos de esa copa, estamos proclamando la muerte del Señor (1 Corintios 11:26) Puesto que ha muerto el testador, su testamento ha entrado en vigor

Es responsabilidad del albacea poner en vigor el testamento Todas las cosas de las que se habla en él son nuestras Si el albacea es fiel, entraremos en posesión de todas ellas En cambio, si es infiel, nos veremos privados de recibir plenamente cuanto nos ha sido otorgado en la herencia Puesto que el Señor es el albacea, no cabe duda alguna de que tendremos todo cuanto nos corresponde en el testamento Se puede dividir la herencia que nos ha dejado en tres partes: purificación, vida y poder, y un conocimiento más profundo de Dios Entre las tres satisfacen todas las necesidades de nuestra vida espiritual Puesto que murió y resucitó por nosotros, el Señor Jesús se convierte en el albacea responsable, así como fue el testador De acuerdo con esto, no tenemos razón alguna para llevar una vida pobre, estéril y débil Lo que necesitamos es reclamar todo cuanto se halla en el testamento

¿Se ha puesto a pensar alguna vez por qué el bautismo tiene lugar una sola vez, mientras que la partición del pan hecha en memoria del Señor debe repetirse frecuentemente? ¿Por qué los creyentes de la época apostólica recordaban al Señor en la partición del pan el primer día de la semana? Porque esa copa es la copa del Nuevo Pacto (Lucas 22:20; 1 Corintios 11:25) Cuando bebemos de esa copa en el día del Señor, recordamos que nos mantenemos relacionados con el pacto "Esta copa es el nuevo pacto en mi sangre " Cada vez que bebemos de ella, no vemos el producto físico de la vid, sino el Nuevo Pacto en la sangre del Señor El quiere que nosotros bebamos todo lo que El nos ha dado En el día del Señor hacemos un repaso de este Nuevo Pacto, a fin de recordar nuevamente al Señor, y reclamar para nosotros todo lo que se encuentra incluido en esa copa

¡Cuánto desea el Señor que nosotros recordemos que Dios, puesto que se ha obligado con el pacto, está sumamente deseoso de darnos todo lo que está prometido en el mismo! El espera que nunca olvidemos que todo cuanto se encuentra en el Nuevo Pacto es para que lo disfrutemos de manera permanente Cada vez que nosotros nos presentamos delante de Dios para recordar al Señor, se nos traen a la memoria estas cosas El pan es para recordar al Señor; la copa es también para recordar al Señor El siempre nos trata de acuerdo con las condiciones asentadas en el pacto Por esta razón, cuando nosotros recordamos al Señor, lo recordamos en el pacto

Es cierto que la eficacia del testamento no depende de nuestro esfuerzo No obstante, afecta totalmente a sus consecuencias el que conozcamos o no las riquezas incluidas en él, creamos en su eficacia y confiemos en que el Señor Jesús es nuestro albacea Ilustremos esto con lo que sigue:

Ejemplo 1: El perdón de los pecados

En la cuestión del perdón de pecados, hay quienes se imaginan que tienen que hacer un inmenso esfuerzo hacia el bien para conseguirlo, pero no tienen la menor idea acerca de cuántos años necesitan pasar haciendo buenas obras Otros se imaginan que les hace falta mantenerse en oración, hasta un día en que sientan que han logrado la paz Sin embargo, tenemos que decir que estos esfuerzos son hechos privadamente y por cuenta propia, y no están entre las cosas que se nos dan en el testamento

Sabemos que no podemos compensar nuestros pecados con buenas obras, ya que simplemente, tenemos la obligación de hacer el bien de todas maneras Tampoco podemos pedirle a Dios que olvide nuestros pecados, porque una solicitud así no logra cancelar nuestra causa criminal en su presencia. Tampoco podemos orar hasta olvidar nuestros pecados y así obtener la paz La única manera de lograr que nuestros pecados nos sean perdonados y quedemos limpios, es mediante *la sangre* "Sin derramamiento de sangre no se hace remisión" (Hebreos 9:22) Es la sangre del Señor Jesús la que resuelve el problema de nuestros pecados Es su sangre la que

nos limpia de todas nuestras iniquidades (1 Juan 1:7)
Porque "si confesamos nuestros pecados, él es fiel y
justo para perdonar nuestros pecados, y limpiarnos
de toda maldad" (1 Juan 1:9) Este es el testamento;
éste es el Nuevo Pacto. ¿Lo cree así?

Ejemplo 2: La liberación del pecado

"El pecado no se enseñoreará de vosotros; pues no
estáis bajo la ley, sino bajo la gracia" (Romanos 6:14)
Alguno argumentará que, a pesar de lo que la Biblia
dice, él sigue totalmente débil y cae cada vez que es
tentado Sin duda, estas personas estarán luchando
para siempre, porque son ellas mismas las que
realizan el esfuerzo No es esto lo que hallamos en el
Nuevo Pacto, ni en la herencia que nos otorga el
testamento Si supieran lo que es realmente el testamento, diría: "Gracias a Dios, el poder no viene de
mí, sino que me lo da el Señor " Este es el testamento;
éste es el Nuevo Pacto ¿Lo cree así?

Ejemplo 3: El conocimiento y la ejecución
de la voluntad divina

Alguno preguntará cómo es posible conocer la
voluntad de Dios y ponerla en práctica La contesta-
ción es que el conocimiento de su voluntad y el poder
para ejecutarla nos han sido legados en el testamento
del Señor Jesús Todos los que pertenecen al Señor
deben hacer la voluntad de Dios, y son capaces, tanto
de conocerla como de cumplirla, porque en el testamento del Señor se nos han concedido ambas cosas
(Hebreos 13:20, 21) Este es el testamento; éste es el
Nuevo Pacto ¿Lo cree así?

La herencia eterna que nuestro Señor nos ha
legado, es espiritual Es inagotable Podemos sacar de
ella cuanto necesitemos, sin que se termine Sin
embargo, ¿cuántos hoy en día, en el pueblo del
Señor, han limpiado su conciencia de pecado (He-

breos 10:2)? ¿Cuántos pueden decir que, al tener las leyes del Señor puestas en la mente y escritas en el corazón, son capaces de hacer la voluntad de Dios y de agradarle mediante la vida y el poder que están en ellos? ¿Cuántos pueden testificar que, con la unción del Señor, que está en ellos, lo conocen sin necesidad de que les enseñe nadie? Necesitamos saber que el Señor ha hecho el Nuevo Pacto en su sangre. No se ha limitado a legarnos una rica herencia, sino que El en persona sirve también de albacea de ese testamento. Si lo reclamamos por fe, conoceremos gran abundancia y libertad

Señor, haz que comprendamos tu testamento y tu Nuevo Pacto, para que tu corazón se sienta satisfecho con los efectos que tenga en nosotros el pacto en tu sangre.

6
Características del Nuevo Pacto: (1) La purificación

Enfocaremos ahora nuestra atención sobre el estudio de las características del Nuevo Pacto. Como lo hemos dicho anteriormente, el Nuevo Pacto está compuesto de tres partes principales, según lo indicado en Hebreos 8:10-12. Hablando desde el punto de vista de los planes eternos de Dios, El nos da primero su vida y su poder, a fin de poder constituirse en nuestro Dios, y de que nosotros podamos ser su pueblo en la ley de la vida. De esta manera nos capacita para que lo podamos conocer interiormente de manera más profunda y manifestemos su vida en nuestro diario caminar. El perdón de los pecados sólo es un procedimiento mediante el cual se alcanzan los fines que El se propone. Este es el motivo de que aparezca en último lugar en este texto de las Escrituras. Sin embargo, desde el punto de vista de nuestra propia experiencia espiritual, siempre tenemos primero la purificación que procede del perdón de los pecados, para luego convertirnos en pueblo de Dios en la ley de la vida, y conocerlo de una forma más íntima Comenzaremos nuestro estudio por el perdón de los pecados

Los versículos 10 y 11 de Hebreos 8 forman una sola unidad, mientras que el versículo 12 constituye otra él solo Este último comienza, tanto en castellano como en griego, con la palabra "porque" *(óti)*, con lo que indica que Dios perdona y olvida nuestros pecados antes de darnos vida. Es decir, que lo mencionado en el versículo 12 ocurre antes que lo expresado por los versículos 10 y 11 Por este motivo, exploraremos primero la manera en que nos son perdonados nuestros pecados y somos purificados de ellos, de acuerdo con el Nuevo Paçto

Los dos aspectos del pecado

Desde el punto de vista de las Escrituras, el pecado es un fenómeno compuesto que tiene dos aspectos: la naturaleza pecaminosa y el acto pecaminoso. La naturaleza pecaminosa es el pecado que habita en el hombre; aquello que reina en su interior, lo domina y lo lleva a cometer actos de pecado (Romanos 6:17; 7:20, 21). El acto pecaminoso es el pecado que se manifiesta al exterior; aquello que sucede en la vida diaria del hombre Todo acto pecaminoso nuestro — pequeño o grande, oculto o exhibido — se convierte en motivo de culpabilidad delante de Dios y es simultáneamente condenado por El (Romanos 1:32; 6:23) Esto hace que nos sintamos intranquilos en nuestra conciencia cada vez que recordamos dicho acto Mientras luchemos en vano contra el pecado que reina en nosotros, nos sentiremos frustrados y deprimidos (Romanos 7:23, 24). Por lo tanto, es necesario que los actos pecaminosos sean perdonados y borrados y también que seamos emancipados de la naturaleza pecadora (Romanos 6:7, 22)

Gracias a Dios, la sangre del Señor Jesús ha reparado nuestra culpa delante de El y ha limpiado nuestra conciencia (Mateo 26:28; Hebreos 9:14; Apocalipsis 1:5) La cruz del Señor Jesús ha terminado con nuestro viejo hombre, nos ha libertado del poder del pecado (Romanos 6:6, 18). La epístola a los Romanos, desde el capítulo 1 hasta el 5:11, se refiere a nuestros pecados puestos en la presencia de Dios; por eso es mencionada la sangre de Cristo. En cambio desde el 5:12 hasta el 8:39 se centra en el pecado dentro de nosotros Por consiguiente, lo que se hace notar aquí es la cruz sobre la cual fue crucificado junto con Cristo nuestro viejo hombre, para que el cuerpo de pecado quede destruido, de manera que ya no tengamos que estar sujetos al pecado

Es necesario que los pecados sean perdonados

No hay nadie espiritualmente despierto, que no esté consciente de sus pecados. Al igual que el hijo pródigo de Lucas 15, en el momento que vuelve en sí, se da cuenta de que ha pecado contra el cielo y contra su padre Con toda seguridad, quien está iluminado por el Espíritu Santo se reprocha a sí mismo sus pecados (Juan 16:8) Entonces es cuando necesita el perdón de Dios. El que no ve su pecado, no busca perdón Sin embargo, una vez que se dé cuenta de él, pensará espontáneamente en su culpabilidad delante de Dios, en el castigo del pecado, en el sufrimiento eterno del infierno y en la esperanza de la salvación Es entonces cuando hace entrada en su vida el Evangelio que se nos predica para proclamar que el Señor Jesús murió en la cruz y que su sangre fue derramada para la remisión de los pecados (Mateo 26:28) Con su sangre, Jesús nos lavó de nuestros pecados (Apocalipsis 1:5) Si oímos ese Evangelio y ponemos nuestra fe en él, recibiremos la remisión de nuestros pecados (Hechos 10:43; 26:18) y la purificación de nuestra conciencia (Hebreos 9:14)

En Lucas 7:36-50 se nos muestra que el perdón de Dios significaba poco para el fariseo Simón, que se creía justo, mientras lo apreciaba grandemente una pecadora a la que criticaba con el comentario: "¡Si supiera qué clase de mujer es!" Aquella pecadora había caído continuamente bajo las burlas y el desdén de los hombres, y esto la tenía sumida en la vergüenza de sí misma Con todo, allí estaba Jesús, tan santo y sin embargo tan accesible Le permitió que fuera por detrás de El y llorara a sus pies Su llanto era una manera de derramar la agonía que sentía por causa de sus pecados Lloraba para descargar las cosas ocultas que tenía en el corazón Lloraba para quejarse de que no había quien la librase Lloraba para expresar que tenía la esperanza de un Salvador Con todo, su llanto no le ganó la compasión de Simón Al contrario, hizo surgir en él un torrente de silenciosas críticas (v. 39). De hecho, las lágrimas de pesar por el pecado eran algo que el fariseo Simón nunca podría entender ¡En cambio Jesús sí las comprendió! Lo primero que hizo fue llamarle la atención a Simón, para dar testimonio después a favor de la mujer que lloraba, diciendo: "Sus muchos pecados le son perdonados" (v 47a) Luego se dirigió a ella: "Tus pecados te son perdonados   Tu fe te ha salvado, vé en paz" (vv 48-50). Para ella, aquel perdón era una buena noticia maravillosa, porque le quitaba su pena secreta y le daba paz Desde entonces, este perdón se ha convertido en el Evangelio para muchos grandes pecadores.

Marcos 2:1-12 señala que el perdón divino no era más que un razonamiento vacío para aquellos escribas, que se creían justos, ya que juzgaron erróneamente al Hijo de Dios en cuanto a su autoridad de perdonar (vv 6, 7) Sin embargo, para el hombre paralítico que habían traído cargado cuatro amigos, se convirtió en una sanidad real ¡Cuántas veces sucede que el pecado no se limita a causarle dolor al corazón, sino que también daña al cuerpo! No tenemos dificultad alguna en reconocer que muchas enfermedades se deben a razones naturales, como las infecciones o el agotamiento excesivo No obstante, la Biblia nos revela también que algunas enfermedades son consecuencia del pecado (Marcos 2:5; Juan 5:14) Si una enfermedad es debida al pecado, sea éste oculto o manifiesto, lo cierto es que el pecador lo sabe ¿Qué otra cosa puede hacer, sino expresar su pesar y lamentarse? En el caso del paralítico, el Señor sabía la causa de esta enfermedad en particular. Por consiguiente, antes que nada le dijo al paralítico: "Hijo, tus pecados te son perdonados" (v 5) Después le habló de nuevo y le dijo: "Levántate, toma tu lecho, y vete a tu casa" (v 11) ¡Qué anuncio tan maravilloso! Este perdón se ha convertido desde entonces en el gran Evangelio de todos aquellos que sufren enfermedades causadas por el pecado

La credibilidad del perdón

Según lo experimentado por quienes sirven al Señor, mientras más llega alguien a ver el pecado a través de la iluminación que da Dios, más se entristece por sus propios pecados y más aprecia y agradece la gracia del perdón En cambio, hay personas que siempre tienen miedo de que Dios no las vaya a perdonar debido a la magnitud de sus pecados, tanto en número como en gravedad En algunos, es posible que hayan recibido el perdón, pero su conciencia ha quedado muy debilitada por el pecado Tanto, que cada vez que lo recuerdan les vuelve el temor de no haber sido perdonados No sólo esto, sino que llegan a suponer que el perdón sería demasiado barato si

Dios llegara a perdonarlos realmente Todos los que se abrazan a tales actitudes erróneas tienen necesidad de saber que pueden confiar en el perdón, ya que éste se apoya en sólidos fundamentos Para llegar a saberlo, necesitan reconocer la validez de los dos puntos siguientes:

El perdón está basado en la justicia de Dios

Nuestro Dios es un Dios santo (1 Pedro 1:16) El ama la justicia y aborrece la maldad (Hebreos 1:9) Su naturaleza santa no puede soportar el pecado; su justicia no puede menos que juzgar la iniquidad Su palabra declara abiertamente: "La paga del pecado es muerte" (Romanos 6:23); "y sin derramamiento de sangre no se hace remisión" (Hebreos 9:22b). Puesto que hemos pecado, Dios tendrá que condenarnos El es santo por naturaleza, por lo que no puede tolerar el pecado. En cuanto a su manera de obrar, El es justo, por lo que no puede menos que castigar el pecado. De acuerdo a su propio ser, El es glorioso; de ahí que los pecadores que se atreven a acercársele tienen que morir Dios tiene que relacionarse con nosotros de acuerdo a los principios de su santidad, justicia y gloria Así pues, nuestros pecados no serán perdonados sin que pasen antes por el juicio de Dios El no pasará por alto nuestro crimen Si perdona nuestros pecados y no se acuerda de nuestras iniquidades, esto se debe a la sangre del Señor Jesús (Mateo 26:28; Efesios 1:7)

La gracia nunca reina sola, sino a través de la justicia (Romanos 5:21) Tampoco nos llega directamente, sino indirectamente, a través de la cruz Dios no nos perdona los pecados porque se compadezca de nosotros al ver que nos arrepentimos, expresamos pesar, manifestamos dolor o lloramos No; Dios nunca puede perdonar a base de estas cosas Lo primero que tiene que hacer es juzgar nuestros pecados para después perdonar (Isaías 53:5, 10, 12)

Una noción común que sostienen muchos es que "la gracia y la justicia no pueden prevalecer a la vez". Sin embargo, todo el que conoce la gracia puede declarar que Dios, al perdonar nuestros pecados, ha mantenido intactas tanto su gracia como su justicia Esto no es cierto solamente acerca de Dios, puesto que sus redimidos también reflejan a veces como una sombra esta maravillosa armonía En cierta ocasión una estudiante de secundaria relató lo siguiente: Su directora era creyente Una vez, alguien rompió unos muebles de la escuela. La directora investigó el caso, pero nadie quería confesar Por consiguiente, les hizo ver a los estudiantes lo injusto que era destruir los muebles de la escuela, y más aún, la cobardía que significaba no confesarse culpable. Lloraba mientras hablaba Finalmente, una de las estudiantes se puso de pie y confesó, pero carecía de medios para reparar los daños Por este motivo, la directora los pagó con su propio dinero, al mismo tiempo que perdonaba a la joven Aquel acto de gracia por medio de la justicia hizo que esta estudiante conociera tanto una como la otra, al mismo tiempo que conocía el pecado también.

¡Qué clamor tan impresionante el de nuestro santo Señor el día que cargó el pecado del mundo en la cruz: "Dios mío, Dios mío, ¿por qué me has desamparado?" (Mateo 27:46b)! Aquello era mucho más doloroso para El que la corona de espinas que llevaba en la cabeza, y las heridas causadas en su cuerpo por los azotes. "Herido fue por nuestras rebeliones, molido por nuestros pecados" (Isaías 53:5a) ¿Quién es capaz de decir que el perdón es algo barato? Todo el que ha aprendido de la gracia podrá comprender aunque sea parcialmente y con lágrimas de gratitud la profundidad inconcebible del sufrimiento de Jesús y la forma en que apuró por nosotros la copa desbordante de la ira divina para quedar totalmente abandonado en aquel madero de maldición.

El perdón es característico del Nuevo Pacto

Leamos otra vez Hebreos 8:12: "Porque seré propicio a sus injusticias, y nunca más me acordaré de sus pecados y de sus iniquidades." Este es uno de los pasajes más llenos de bendición de cuantos se relacionan con el Nuevo Pacto. Habla de Dios, que nos perdona los pecados en Cristo Porque Cristo derramó su sangre por nosotros, Dios puede ser misericordioso con nuestras iniquidades. No sólo las perdona, sino que las olvida. El puede olvidar nuestros pecados, no porque los pase por alto, ni porque haga un esfuerzo por no recordarlos, sino porque la sangre de Cristo ha borrado nuestras transgresiones y ha lavado nuestros pecados (Isaías 44:22; Hebreos 1:3; Apocalipsis 1:5). Actualmente, Dios se ha obligado a sí mismo a mantenerse dentro del marco de un pacto, y de buena voluntad desea que este pacto restrinja su actuación Cuando El dice que será misericordioso con respecto a nuestras iniquidades, no nos puede quedar duda alguna de que lo será. Cuando El dice que ya no se acordará más de nuestros pecados, podemos estar totalmente seguros de que no los volverá a recordar. Este es el Nuevo Pacto; este es el Evangelio.

Lo lamentable es que muchas veces nosotros olvidamos lo que Dios recuerda, y recordamos lo que Dios olvida. Alguna gente siempre está cavilando: ¿Será cierto que Dios perdona, aun después de tantos pecados graves como he cometido? ¿De veras no se acordará más de ellos? Habrá también quienes piensen que, aun cuando Dios haya borrado nuestros pecados, las cicatrices que indudablemente dejan le recordarán por siempre la clase de pecadores que somos. Todos los que les dan cabida a tales pensamientos desconocen por completo el Nuevo Pacto Por lo tanto, son incapaces de disfrutar sus privilegios.

Tengamos bien presente que Dios, al perdonar nuestros pecados y olvidar nuestra injusticia, está limitándose a cumplir el primer punto del Nuevo Pacto Cuando lo hizo, declaró: "Seré propicio a sus injusticias, y nunca más me acordaré de sus pecados y de sus iniquidades" (Hebreos 8:12). En el caso de que dejara de perdonar nuestros pecados, nosotros podríamos elevar una reclamación en la que le diríamos: "Señor, Tú has pactado con nosotros y estás obligado a perdonar nuestros pecados. Tienes que obrar de acuerdo con lo establecido en tu pacto." Puesto que El es quien ha establecido el pacto, podemos estar seguros de que actuará de acuerdo con él. Dios ya no es libre de perdonar o no según le plazca, porque nos ha concedido deliberadamente la seguridad que da un pacto

"La ley, teniendo la sombra de los bienes venideros, no la imagen misma de las cosas, nunca puede, por los mismos sacrificios que se ofrecen continuamente cada año, hacer perfectos a los que se acercan. De otra manera cesarían de ofrecerse, pues los que tributan este culto, limpios una vez, no tendrían ya más conciencia de pecado" (Hebreos 10:1, 2).

Esto significa que, al ofrecer una y otra vez los mismos sacrificios de sangre de toros y de machos cabríos, los adoradores no podían obtener la paz de su conciencia, que sólo se puede conseguir con la sangre del Señor Jesús Después de haber visto *esa* sangre, Dios perdona nuestros pecados, y no los recuerda más. Esto es característico del Nuevo Pacto.

La Palabra de Dios es absolutamente clara sobre este punto. Si le inquietan todavía los pecados de su pasado y no acaba de hallar descanso en su conciencia, es necesario que llegue a responder en su corazón con un amén a todo lo explicado hasta ahora. Entonces comenzará a disfrutar de la bendición que es la remisión de los pecados, de acuerdo a lo convenido en el Nuevo Pacto.

Confesión y perdón

Sin duda alguna, nuestros pecados son perdonados cuando nos damos cuenta de que somos pecadores y creemos en el Señor Jesús. No obstante, queda en pie la cuestión de si necesitamos perdón nuevamente, después de haber creído en el Señor y haber sido perdonados. Para contestar esta pregunta, vamos a mencionar primero los tres puntos siguientes:

(1) Después de ser salvos, no debemos continuar en el pecado (Romanos 6:1, 2), ni debemos pecar más (Juan 5:14; 8:11)

(2) No obstante, es posible que un creyente peque (1 Juan 1:8, 10), y sea sorprendido en transgresión cuando es tentado (Gálatas 6:1; 1 Corintios 10:12) La simulación de Pedro y de Bernabé (Gálatas 2:11-13) y el incesto del hermano de Corinto (1 Corintios 5:1, 2, 5, 11; sus consecuencias fueron terribles: destrucción de la carne por un lado y excomunión de la iglesia por otro), son ambos hechos reales

(3) Sin embargo, "todo aquel que es nacido de Dios, no practica el pecado, porque la simiente de Dios permanece en él; y no puede pecar, porque es nacido de Dios" (1 Juan 3:9) Esto se refiere al *hábito* y a la *naturaleza* de la persona regenerada

Ahora que hemos aclarado estos tres puntos, queremos hacer la observación de que, mientras más intensa sea la amistad que tengamos con Dios en la

luz, más necesitaremos de perdón y purificación
Esto aparece con claridad en 1 Juan 1:5-7 Veamos lo
que dicen las Escrituras acerca del modo de alcanzar
el perdón:

"Si confesamos nuestros pecados, él es fiel y justo
para perdonar nuestros pecados, y limpiarnos de
toda maldad" (1 Juan 1:9) El creyente que peca, tiene
que *confesar sus pecados* para recibir el perdón. *"Si confesamos nuestros pecados"* Dios nos los perdonará y nos
limpiará de toda maldad, porque El es fiel y justo.
¿Qué es la fidelidad de Dios? ¿Qué su justicia? La primera se refiere a su Palabra, mientras que la segunda
se relaciona con su actuación La Palabra de Dios es
fiel y su actuación es justa Puesto que ha dicho que
perdonará nuestros pecados, es algo totalmente seguro que lo hará Puesto que ha dicho que nos limpiará
de toda injusticia, tenemos seguridad plena de que lo
hará En vista de que envió a su Hijo para que
muriera por nuestros pecados, El no puede hacer otra
cosa que perdonárnoslos y limpiarnos de toda maldad De ahí que, al confesar nuestros pecados, lo que
estamos haciendo es asirnos del pacto que El hizo con
nosotros para pedirle que nos perdone y purifique.

En cierta ocasión, había en Swatow una hermana
cuya intranquila conciencia la acusaba continuamente Cada vez que se encontraba con un predicador le
decía: "Mis pecados son tan grandes, que no sé si
Dios me ha perdonado o no " Un día se encontró con
un predicador y le dijo las mismas palabras de siempre Entonces el predicador le leyó 1 Juan 1:9, y le
preguntó si había confesado sus pecados delante de
Dios

— Así es Los he confesado, y lo vuelvo a hacer a
cada rato

— Entonces, ¿qué dice Dios de eso? — Dios dice
que si confesamos nuestros pecados, El es fiel y justo

para perdonar nuestros pecados, y limpiarnos de toda maldad Ahora, ¿qué dice usted a esto?

— Que no sé si Dios me ha perdonado

Comenzaron a leer y hablar, hablar y leer, hasta que finalmente oraron juntos Una vez más, ella confesó sus pecados delante de Dios Después de orar, el predicador le preguntó otra vez: — ¿Ya le ha perdonado Dios sus pecados?

— No sé, — contestó ella

Entonces el predicador la exhortó solemnemente: — ¿Cree usted que Dios haya mentido alguna vez?

— ¿Cómo me atrevería a pensarlo?

— Entonces, ¿qué nos dice El que hará si nosotros confesamos nuestros pecados? ¿No dice acaso que El es fiel y justo para perdonar nuestros pecados y limpiarnos de toda maldad?

En ese instante ella comenzó a entender, y su conciencia se tranquilizó Desde aquel día hasta que se durmió en el Señor, estuvo llena de gozo La Palabra del Señor la iluminó y la fortaleció

En vista de esto, debemos recordar que el perdón cae dentro del pacto Si nosotros confesamos nuestros pecados, tal como nos lo dice la Palabra de Dios, El cumplirá su parte del pacto y nos perdonará Permítame preguntarle algo: ¿Se atreve usted a asirse de la Palabra de Dios para orar de esta manera: "Señor, Tú has dicho que si nosotros confesamos nuestros pecados, nos perdonarás y nos limpiarás"? Tenemos que llegar a entender que Dios hace pacto con nosotros porque quiere que le hablemos de acuerdo a los términos de ese pacto El quiere que le pidamos con fe De esta manera le estamos pidiendo que cumpla la Palabra comprometida en el pacto; no estamos suplicando misericordia Estamos reclamando como derecho nuestro lo que está definido en el pacto Gracias a Dios, el perdón es una de las partes del Nuevo Pacto

Quizá haya quien suponga que si fuera capaz de aborrecer más profundamente el pecado, o si pudiera sentir con más intensidad la tristeza por el pecado, sería perdonado más fácilmente. Esta suposición es errónea, puesto que no la apoya la Palabra de Dios. El aborrecimiento del pecado y la tristeza por haberlo cometido son los resultados naturales de la iluminación, y no condiciones necesarias que tengamos que cumplir a cambio del perdón. Hay un relato en "El secreto de una vida cristiana feliz", que en esencia es como sigue: Cierta hermana le preguntó una vez a una niña: — ¿Qué harías tú si cayeras en pecado? ¿Cómo te trataría el Señor Jesús? Su respuesta fue: — Yo le confesaría al Señor mi pecado, y después de hacerme sufrir por un tiempo, El me perdonaría.

No crea que se trata solamente de palabras de niña, porque muchos adultos nos podrían salir con el mismo cuento Son muchos los que están haciendo eso exactamente Estas personas creen que después de confesar un pecado hace falta que haya un período de sufrimiento antes de recibir el perdón. Por eso aguardan hasta que no sienten más dolor de corazón por él, y toman esto como seguridad de perdón. Todos los que piensan y hacen de esta manera, no conocen las características del Nuevo Pacto.

Necesitamos comprender con claridad que el perdón forma parte del Nuevo Pacto. Debido a la sangre que derramó el Señor Jesús, Dios no puede hacer otra cosa que perdonar nuestros pecados y limpiarnos de toda maldad En el momento que aceptamos al Señor, Dios nos perdona, en consonancia con lo estipulado en el pacto. Cada vez que confesemos nuestros pecados, El nos perdonará, porque está obligado por el pacto que El mismo ha hecho con nosotros Sólo tenemos que pedirle perdón de acuerdo a lo estipulado en el pacto, y Dios no dejará de dárnoslo

Por supuesto, quiero recordarle que la confesión de la que hablamos aquí es la consecuencia de que veamos nuestros pecados a la luz de Dios Esa luz no deja sin poner en evidencia ni uno solo de ellos Si vemos el pecado bajo el resplandor de la luz de Dios, lo condenamos como pecado y lo confesamos ante Dios, seremos perdonados y quedaremos limpios No permita Dios que haya quien tome ese perdón a manera de talismán y siga día tras día mintiendo o airándose, pensando que lo protege la preciosa sangre de Cristo. Actuar así equivale a tratar la confesión como una mera fórmula o técnica Pecar primero y hacer una confesión rutinaria después, no es algo que se pueda contar como confesar a la luz de Dios Debemos evitar cuidadosamente esta clase de confesión rutinaria Lo que estamos diciendo es que las personas que tienen verdadera intimidad con Dios y caminan bajo la luz de la vida, se dan cuenta del pecado con mayor rapidez De ahí que estas personas necesiten mucho más del perdón de Dios y de la purificación mediante la sangre de Cristo Esta es la clase de confesión que cuenta realmente Con una confesión de este tipo nos llega también el reposo del perdón que forma parte del Nuevo Pacto

"Había alrededor del trono un arco iris" (Apocalipsis 4:3b) ¿Qué significado tiene el arco iris? Fue puesto como señal del pacto que Dios hizo con Noé El arco iris que está alrededor del trono indica que Dios nunca ha olvidado su pacto Atestigua también el hecho de que El no dejará de oír oración alguna que se le presente de acuerdo a los términos del pacto Mientras el arco iris rodee su trono, El oirá la oración de acuerdo al marco fijado en el pacto Ciertamente es una gracia admirable que Dios nos haya dado una seguridad tan grande para capacitarnos a orar de acuerdo con el pacto

¿Tiene hoy todavía sin resolver el problema de sus pecados? Colóquelos delante de Dios, permanezca asido a su Palabra y crea en El de acuerdo a su pacto Entonces podrá descansar, apoyado en ese pacto Son muchas las bendiciones espirituales que nos hemos perdido por ignorar que Dios ha establecido un pacto entre El y nosotros Su intención es animarnos a hablarle de acuerdo a los términos de su pacto, para poder El a su vez actuar en consecuencia

7

Características del Nuevo Pacto: (2) La vida y el poder

Ya hemos visto cómo el perdón del Nuevo Pacto es un evangelio de gracia Cuando alguien cree en esa gracia que nos da el perdón, su conciencia descansa. Conocemos a muchos hijos de Dios que la han aceptado No sólo han creído, sino que también han dado testimonio respecto del perdón de sus pecados y de que han sido purificados de todas sus iniquidades Pero aparte de esto (del perdón de los pecados), el Nuevo Pacto comprende otros dos elementos sumamente gloriosos y valiosos: uno es la vida y el poder; el otro, el conocimiento interior Por lo general se los pasa por alto a ambos, y son muchos los que no los valoran ni creen en ellos. Esta es una de las principales razones de que muchos hijos de Dios sean tan pobres y débiles en lo espiritual

Es maravilloso que Dios nos perdone los pecados. No obstante, si nosotros, después de haber sido perdonados, seguimos siendo los mismos — sin permitirle a Dios que obtenga lo que quiere de

nosotros, y sin conocer ni cumplir su voluntad —
entonces, ¿qué diferencia hay entre nosotros y el
pueblo de Israel que peregrinó por el desierto durante
años en la antigüedad? ¿Dónde está la gloria del
Nuevo Pacto?

Por este motivo, debemos tratar de comprender
ahora las excelencias del Nuevo Pacto En los días del
Antiguo Pacto, Dios tomó a los israelitas de la mano
para sacarlos de la tierra de Egipto (Hebreos 8:9) En
el Nuevo Pacto, es nuestro corazón lo que El aleja de
Egipto; es decir, del mundo En el Antiguo Pacto,
Dios puso sus leyes delante del pueblo; en el Nuevo
Pacto, las pone en nuestra mente y las escribe en
nuestro corazón Bajo el Antiguo Pacto, aunque
recibieron instrucción desde fuera por medio de
hombres, y vieron las obras de Dios durante cuarenta
años, erraron en su corazón y no conocieron los
caminos de Dios Bajo el Nuevo Pacto, no necesitaremos instrucción alguna que nos venga desde el
exterior, porque todos, desde el menor hasta el
mayor, conoceremos interiormente al Señor

Veamos primero cómo pone Dios sus leyes en
nuestra mente y cómo las escribe en nuestro corazón
¿Por qué es ésta una de las partes más gloriosas y
valiosas del Nuevo Pacto? Leamos algunos pasajes de
las Escrituras que se relacionan con este tema:

"Este es el pacto que haré con la casa de Israel
después de aquellos días, dice el Señor: Pondré mis
leyes en la mente de ellos, y sobre su corazón las
escribiré; y seré a ellos por Dios, y ellos me serán a mí
por pueblo" (Hebreos 8:10) "Este es el pacto que
haré con ellos después de aquellos días, dice el Señor:
pondré mis leyes en sus corazones, y en sus mentes
las escribiré" (Hebreos 10:16)

Ambos pasajes dicen en primer lugar "pondré" y
después "escribiré" No obstante, notemos que en el

tomado del capítulo 8 viene primero "en la mente de ellos" y luego "sobre su corazón", mientras que en el del capítulo 10 el orden está invertido Ambos pasajes hablan prácticamente de la misma cosa

Estos dos versículos de Hebreos son citas de Jeremías 31 33, que dice así: "Este es el pacto que haré con la casa de Israel después de aquellos días, dice Jehová: Daré mi ley en su mente, y la escribiré en su corazón; y yo seré a ellos por Dios, y ellos me serán por pueblo "

Ezequiel 36:25-28 habla también del mismo tema que encontramos en Jeremías 31:31-34 Algunas palabras se presentan más claras en Ezequiel, mientras que otras son más claras en Jeremías Leamos ahora el pasaje de Ezequiel: "Esparciré sobre vosotros agua limpia, y seréis limpiados de todas vuestras inmundicias; y de todos vuestros ídolos os limpiaré Os daré corazón nuevo, y pondré espíritu nuevo dentro de vosotros; y quitaré de vuestra carne el corazón de piedra, y os daré un corazón de carne Y pondré dentro de vosotros mi Espíritu, y haré que andéis en mis estatutos, y guardéis mis preceptos, y los pongáis por obra.   Y vosotros me seréis por pueblo, y yo seré a vosotros por Dios " En estos versículos Dios habla por lo menos de cinco cosas: (1) de limpiarnos con agua limpia, (2) de darnos un corazón nuevo, (3) de darnos un espíritu nuevo, (4) de quitarnos el corazón de piedra para darnos un corazón de carne, y (5) de poner su Espíritu dentro de nosotros El resultado combinado de estos cinco temas es: "Haré que andéis en mis estatutos, y guardéis mis preceptos, y los pongáis por obra   Y vosotros me seréis por pueblo, y yo seré a vosotros por Dios "

Regeneración
Con el fin de entender cómo pone Dios sus leyes en

nosotros y las escribe sobre nuestro corazón, nos es necesario empezar por la regeneración En ella, el Espíritu Santo pone la vida increada de Dios en nuestro espíritu humano La regeneración es una cosa nueva que acontece en el espíritu humano No es cuestión de conducta, sino de vida

La creación del hombre

Para saber lo que es la regeneración, tenemos que volver otra vez al relato de la creación del hombre: "Jehová Dios formó el hombre del polvo de la tierra, y sopló en su nariz aliento de vida, y fue el hombre un ser viviente" (Génesis 2:7). Aquí el "aliento de vida" se refiere al Espíritu, la fuente de la vida El Señor dice en otra parte que "el espíritu es el que da vida" (Juan 6:63a) Las palabras de Job repiten y confirman este argumento: "El soplo del Omnipotente me dio vida" (Job 33:4b) La palabra "vida" en Génesis 2:7, "aliento de vida", es *jai* en hebreo, y aparece aquí en la forma plural, *jaiyim* Esto parece indicar que Dios sopló sobre el hombre de manera que produjo en él una vida doble: la espiritual y la anímica Cuando el soplo de Dios entró en el cuerpo del hombre, se convirtió en el espíritu de éste; pero cuando ese espíritu se relacionó con el cuerpo, surgió el alma humana Esto explica el origen de nuestra vida espiritual y de nuestra vida anímica También nos muestra claramente que el hombre es un ser tripartito: espíritu, alma y cuerpo El Nuevo Testamento divide al hombre en tres partes también: "Todo vuestro ser, espíritu, alma y cuerpo, sea guardado irreprensible" (1 Tesalonicenses 5:23b) "La palabra de Dios . penetra hasta partir el alma y el espíritu, las coyunturas y los tuétanos " (Hebreos 4:12b)

El cuerpo es el asiento de las facultades que nos hacen conscientes del mundo que nos rodea; el alma

es el lugar donde adquirimos conciencia de nosotros
mismos, y es el espíritu el que nos da conciencia de
Dios Con sus cinco sentidos, el cuerpo aporta al ser
humano las diversas clases de sensaciones físicas
Mediante este cuerpo material, el hombre es capaz de
comunicarse con el mundo exterior Por consiguiente, es el lugar donde tenemos "conciencia del mundo" El alma está compuesta por la mente, las
emociones, la voluntad y otras facultades, todas ellas
pertenecientes al hombre en sí mismo, y expresiones
de su personalidad De ahí que sea el asiento de la
"conciencia de sí mismo" El espíritu tiene las funciones de conciencia, intuición y comunión, mediante
las cuales el hombre llega a conocer cuál es su relación
con Dios, y aprende a adorarlo y a servirlo. Por lo
tanto, es el lugar de la "conciencia de Dios"

El espíritu controla a todo el ser a través del alma
Si desea actuar, le comunica su intención al alma; ésta
a su vez moverá al cuerpo para que obedezca el
mandato del espíritu Según el orden dispuesto por
Dios, el espíritu, como parte suprema del ser humano, es el que debe dominar en él. Sin embargo, la
voluntad, asiento principal de la personalidad, forma
parte del alma La voluntad del alma humana tiene el
derecho soberano de escoger entre el gobierno del
espíritu, el del cuerpo o incluso el del propio yo. En
vista de que tal poder le pertenece al alma, que es
también el asiento de la personalidad, la Biblia llama
al hombre "alma viviente" (Génesis 2:7, texto hebreo;
1 Corintios 15:45)

El propósito de Dios al crear al hombre

Hemos hecho notar repetidas veces que el eterno
propósito de Dios es darse a sí mismo al hombre El
se complace en entrar en el hombre y unirse con él
De esta manera el hombre puede tener la vida y

naturaleza de Dios. Después de crear a Adán, lo puso en el huerto de Edén En medio del huerto estaban el árbol de la vida y el árbol de la ciencia del bien y del mal (Génesis 2:9) Estos dos árboles se destacaban notablemente del resto; podían atraer fácilmente la atención del hombre Dios le había ordenado: "De todo árbol del huerto podrás comer; mas del árbol de la ciencia del bien y del mal no comerás; porque el día que de él comieres, ciertamente morirás" (Génesis 2:16, 17) Mirando el asunto a la inversa, esta orden quería decir también que se podía comer del fruto del árbol de la vida Si el hombre hubiera comido de ese fruto, habría escogido a Dios, porque el árbol de la vida hacía referencia a Dios ¡Cuán grandiosos y hermosos son los propósitos que Dios quiere realizar en el hombre!

Así como fue Dios quien creó al hombre, fue El también quien le dio su vida original Cuando habla de la vida originalmente creada del hombre, la Biblia indica que era "recta" (Eclesiastés 7:29) y "buena en gran manera" (Génesis 1:31) Sin embargo, en los planes eternos de Dios estaba dispuesto que todavía no participara de la vida increada del mismo Dios. De ahí que tuviera necesidad de decidirse por Dios y por la vida de Dios [Hay tres palabras diferentes en griego para expresar la idea de "vida": (1) *Bíos* — Esta palabra se refiere a la vida corporal. El Señor Jesús la usó al decir de la pobre viuda que "echó *todo el sustento* (griego, "pánta tòn bíon", toda la vida; n del E en castellano) *que tenía*" (Lucas 21:4). (2) *Psyjé* — Esta palabra denota la vida animada del hombre, su vida natural; la vida del alma. Todas las veces que la Biblia menciona la vida del hombre como tal, es ésta la palabra que usa (Mateo 16:26; Lucas 9:24) *Zoé* — Con esta palabra se designa la vida más alta, la vida del espíritu, la vida increada de Dios La Biblia usa esta palabra cuando habla de "vida eterna" (Juan 3:16)]

La caída del hombre

La humanidad cayó y pecó Esto tuvo lugar cuando Adán rechazó la vida y comió del fruto prohibido que tenía el árbol de la ciencia del bien y del mal Antes de ese momento, el espíritu del hombre estaba abierto a la comunicación con Dios En cambio, ahora se encuentra apartado de Dios (Efesios 4:18) y muerto para El·a causa de las transgresiones (Colosenses 2:13; Efesios 2:1). Ya en el principio Dios se lo advirtió a Adán, diciendo: "El día que de él comieres, ciertamente morirás" (Génesis 2:17) En cuanto a vida física, Adán vivió varios cientos de años más después de comer el fruto del árbol de la ciencia del bien y del mal (Génesis 5:3-5) Por consiguiente, la muerte de que se habla aquí, no podía ser únicamente la muerte del cuerpo; el espíritu del hombre debe haber muerto primero.

La muerte es definida como el alejamiento de la vida Dios es el Dios de la vida Al apartarse de El, Adán quedó apartado de la vida también Cuando decimos que el espíritu de Adán murió, no queremos dar a entender que ya no tuvo espíritu, sino simplemente que perdió su sensibilidad espiritual, y por consiguiente, perdió también su comunicación con Dios. El espíritu de Adán, aunque todavía existía, estaba muerto con relación a Dios Adán había perdido la capacidad básica de su espíritu, porque tan pronto como el hombre cae en pecado, se convierte en carnal (Romanos 7:14) y queda controlado por su alma. No puede percibir las cosas de Dios (1 Corintios 2:14), ni se sujeta a su ley En realidad, ni siquiera puede hacerlo, puesto que nadie que viva según la carne puede agradar a Dios (Romanos 8:7, 8)

Entonces, ¿dejará Dios de lograr su eterno propósito? De ninguna manera, puesto que El sigue siendo Dios, a menos que no tenga voluntad ni propósitos Pero si El *tiene* una excelente voluntad y un plan eterno, podemos estar seguros de que los hará realidad. El le dará su propia vida al hombre, entrando en él para unirse con él en vida ¿Cómo se logrará esto? El vendrá para resolver el problema del pecado y rescatar al hombre caído, le entregará su vida a través de su Hijo, y lo regenerará por medio del Espíritu Santo

La salvación que viene de Dios

Con el fin de resolver el problema del pecado y rescatar al hombre caído, Dios envió a Cristo al mundo. Sobre la cruz, Cristo llevó nuestros pecados en su cuerpo "para que nosotros, estando muertos a los pecados, vivamos a la justicia" (1 Pedro 2:24). Esto se halla tipificado en el período del Antiguo Testamento por la serpiente que Moisés levantó en el desierto (Números 21:4-9). Debido a su pecado, el pueblo de Israel merecía la muerte. No obstante, Dios le mandó a Moisés que levantara una serpiente de bronce en el desierto. Todos los que hubieran sido mordidos por una serpiente, vivirían si miraban a la serpiente de bronce. De igual manera, Cristo fue levantado para llevar nuestros pecados y morir por nosotros. De esta manera, todos los que están muertos en sus transgresiones pueden recibir la vida de Dios y vivir (Juan 3:14, 15).

Dios iba a comunicarnos su vida, así que la puso en Cristo (Juan 1:4; 1 Juan 5:11), quien al morir en la cruz liberó la vida de Dios oculta en El. Cristo fue el grano de trigo que cayó en tierra y murió para que saliera de El la vida de Dios (Juan 12:24). De ahí que, por la resurrección de Jesucristo de entre los muertos, Dios nos regenera a nosotros (1 Pedro 1:3)

Ser regenerado es nacer "de Dios" (Juan 1:13); es nacer "del cielo" (1 Corintios 15:47).

La regeneración consiste en "nacer de agua y del Espíritu" (Juan 3:5). Esto necesita un poco de explicación. Cuando Juan el Bautista vino a predicar y a bautizar, proclamó: "Yo a la verdad os he bautizado con agua; pero él os bautizará con Espíritu Santo" (Marcos 1:8). Así como Juan el Bautista unió en Marcos 1 el agua y el Espíritu Santo, el Señor Jesús lo volvió a hacer en Juan 3. Ahora bien, puesto que el agua a la que se refirió Juan era el agua del bautismo, entonces el agua de que habló el Señor Jesús debe ser también el agua del bautismo. Las palabras con que el Señor contestó a Nicodemo tenían que ser tales que las pudiera captar rápidamente En aquel tiempo, mucha gente sabía de Juan que bautizaba con agua. Era natural que Nicodemo pensara que el agua mencionada por el Señor Jesús era una referencia al bautismo de Juan. Si el Señor hubiera tenido otro pensamiento distinto en cuanto al agua, no habría sido comprendido fácilmente por Nicodemo. Podemos sacar, por lo tanto, la conclusión de que "agua" aquí es una referencia al agua del bautismo.

El bautismo de Juan era el "bautismo de arrepentimiento, diciendo al pueblo que *creyesen en aquel que vendría después de él*, esto es, en *Jesús* el Cristo" (Hechos 19:4). El bautismo de arrepentimiento en el cual Juan bautizaba con agua, no podía regenerar a la gente A no ser que la persona nazca "de agua y del Espíritu", no habrá nacido de nuevo. El bautismo de arrepentimiento anuncia que no basta con que el hombre se arrepienta de su conducta, mortalmente malvada. Es necesario que el hombre mismo, corrompido y muerto, sea sepultado en el bautismo. Cuando una persona entra en el agua para recibir el bautismo, está confesando delante de Dios lo malvada que es su conducta, lo corrompido que es su ser y lo muerta que está en sus transgresiones, de tal manera que no merece otra cosa que la muerte y la sepultura

Sin embargo, el hombre no nace de nuevo solamente "de agua" Debe nacer "de agua y del Espíritu". Debe recibir el don del Espíritu Santo de parte del Señor Jesús antes de poder tener la vida de Dios Juan el Bautista fue el primero que predicó el "arrepentimiento" (Marcos 1:4) Luego le siguió inmediatamente el Señor Jesús, y añadió a su mensaje la palabra "creed" (Marcos 1:15) El arrepentimiento nos liberta de todo lo que somos; la fe nos introduce en todo lo que es Dios Entramos en el agua por arrepentimiento; recibimos al Espíritu Santo por fe Entrar en el agua y recibir al Espíritu Santo de esta manera es "nacer de agua y del Espíritu" Arrepentirse y entrar en el agua es terminar con la vida del hombre viejo Creer y unirse al Espíritu Santo es recibir la vida de Dios Esto es la regeneración

Aunque la regeneración consiste en nacer de agua y del Espíritu Santo, la obra de la regeneración en su aspecto subjetivo es hecha por completo por el Espíritu Santo (El aspecto objetivo de la obra de la regeneración fue realizado totalmente por Cristo) Esta es la razón de que el Señor Jesús hable una sola vez en Juan 3 de "nacer de agua", y tres veces de "nacer del Espíritu" (vv 5, 6, 8)

Ser regenerado es "nacer del Espíritu" El Espíritu Santo viene para mover al ser humano al arrepentimiento El "convencerá al mundo de pecado" (Juan 16:8) El es también quien lleva al hombre a aceptar por fe al Señor Jesús como Salvador; entra en aquellos que se arrepienten y creen, y les da la vida de Dios, con lo que los está regenerando

El Espíritu Santo ilumina al ser humano para llevarlo al arrepentimiento, y lo mueve a creer que

puede recibir la vida de Dios Todo esto está registra-
do en las Escrituras como parte de la verdad del
Evangelio De ahí que la Biblia nos diga que Dios nos
engendra por medio del Evangelio, que es también la
Palabra de verdad (1 Corintios 4:15; Santiago 1:18)
Somos "renacidos, no de simiente corruptible, sino
de incorruptible, por la palabra de Dios que vive y
permanece para siempre" (1 Pedro 1:23). Por medio
del Espíritu Santo, Dios usa su Palabra para impartir-
nos su vida y hacer que sea sembrada en nosotros
Somos movidos por el Espíritu Santo a creer en la
Palabra de Dios, para recibir así su propia vida. En la
Palabra de Dios se halla oculta su vida; ciertamente,
sus palabras "son vida" (Juan 6:63). Tan pronto como
aceptamos la Palabra de Dios, recibimos su vida

La vida que recibimos en la regeneración no es
carnal, sino espiritual Es como el viento — invisible,
pero se puede sentir — y es muy práctica (Juan 3:8)
Por lo tanto, la regeneración es, ni más ni menos,
tener además de la vida propia, la vida de Dios

Tan pronto como somos regenerados, recibimos la
"potestad de ser hechos hijos de Dios" (Juan 1:12).
Esto da comienzo a unas relaciones de "padre a hijo"
con Dios en nuestra vida (Gálatas 4:6; Romanos 8:15,
16) La vida increada de Dios, la "vida eterna" (Juan
17:3) que Adán no recibió y que nosotros no tenía-
mos, llega ahora a nosotros Este es el sello y la gloria
del Nuevo Pacto ¡Aleluya!

La vida de Dios tiene su propia naturaleza Así
pues, los que tenemos su vida somos hechos "participantes de la naturaleza divina" (2 Pedro 1:4). Ahora
nos es posible conocer la voluntad de Dios, hacer con
gusto lo que a El le agrada y exteriorizar en nuestra
vida su imagen (Colosenses 3:10) Si una persona
profesa haber recibido la vida del Hijo de Dios y, sin
embargo, no existe ni el más leve indicio de la

naturaleza de esta nueva vida en su diario caminar
— ni en una amorosa rectitud ni en el aborrecimiento
del pecado — la fe y la regeneración de esa persona
son altamente discutibles La vida de Dios tiene su
naturaleza especial Si una persona no exhibe esa
naturaleza, ¿cómo se atreve a profesar que tiene la
vida de Dios?

"Lámpara de Jehová es el espíritu del hombre",
dice Proverbios 20:27 Después de la caída de Adán
este espíritu quedó en tinieblas Cuando el Espíritu
Santo nos engendra otra vez y pone la vida de Dios
en nosotros, lo aviva (Efesios 2:5) como quien encien-
de una lámpara En la muerte del hombre, causada
por el pecado original, fue su espíritu el que murió
primero. De la misma manera, en la regeneración
— cuando el Espíritu Santo implanta la vida increada
de Dios en el espíritu del hombre — el Espíritu divino
vivifica primero el espíritu del hombre. La obra del
Espíritu Santo comienza desde el interior del hombre
Va del centro a la circunferencia; del espíritu al alma,
y luego al cuerpo Esta obra regeneradora del Espíritu
Santo es realizada totalmente en el espíritu Antes,
nuestro espíritu estaba muerto en sus transgresiones;
ahora ha sido vivificado (Colosenses 2:13) Conoce a
Dios y es sensible al pecado Por esta misma razón,
todo el que diga que ha nacido de nuevo y, sin
embargo, ni conozca a Dios ni sea sensible al pecado,
hace que se pueda poner en duda su experiencia

Cuando el Espíritu Santo nos engendra, nos da
también un "corazón nuevo" (Ezequiel 36:26) Al
darnos ese corazón nuevo, Dios no nos da otro, sino
que renueva nuestro corazón corrompido De igual
manera, al darnos un nuevo espíritu, no nos da otro,
sino que vivifica y renueva el nuestro, que estaba
muerto Con un corazón nuevo, podemos pensar en
Dios, desearlo y amarlo Con este nuevo corazón se

desarrollan en nosotros un nuevo gusto y una nueva inclinación hacia las cosas celestiales y espirituales Con el espíritu nuevo no seremos débiles respecto a las cosas espirituales, ni estaremos embotados con respecto a las cosas de Dios, como nos sucedía anteriormente Al contrario: con nuestro nuevo espíritu seremos fuertes en las cosas espirituales y tendremos discernimiento en las cosas de Dios (1 Corintios 2:12). Seremos capaces de tener comunión con El

Otra realidad gloriosa es la de que, cuando nacemos de nuevo, Dios pone también su Espíritu en nosotros (Ezequiel 36:27) El Espíritu Santo habita ahora en nuestro espíritu renovado Esto nunca sucedía en la dispensación del Antiguo Pacto Es cierto que durante el Antiguo Testamento el Espíritu Santo obraba sobre el hombre, pero la Biblia nunca afirma con toda claridad que en aquellos días el Espíritu Santo habitara permanentemente en el hombre.

¿Cómo sabemos que en la dispensación del Nuevo Pacto el Espíritu Santo mora permanentemente en nosotros? Esto se lo indicó el Señor mismo claramente a sus discípulos: "Yo rogaré al Padre, y os dará otro Consolador, para que esté con vosotros *para siempre;* el Espíritu de verdad, al cual el mundo no puede recibir, porque no le ve, ni le conoce; pero vosotros le conocéis, porque mora con vosotros, y estará *en* vosotros" (Juan 14:16, 17) La venida de este Consolador no es otra cosa que la venida del Señor en otra forma, porque El sigue diciendo: "No os dejaré huérfanos; vendré a vosotros" (v 18) La tercera persona del versículo 17 es la primera persona del versículo 18 De ahí que este "otro Consolador" no es sino el Señor mismo que viene en una forma diferente

Cuando el Señor se encontraba en la tierra, estaba casi siempre con sus discípulos Sin embargo, no podía morar en ellos. En cambio, a partir de su resurrección ha sido revestido del Espíritu Santo y puede, por consiguiente, habitar en ellos Al igual que Dios viene a estar entre los hombres en Cristo y a través de Cristo, así Cristo viene a estar en los hombres en el Espíritu Santo y a través del Espíritu Santo Decir que el Espíritu Santo está en nosotros equivale a decir que Cristo está en nosotros (Romanos 8:9; 2 Corintios 13:5) Decir que Cristo está en nosotros es lo mismo que decir que Dios está en nosotros (el "Cristo" de Efesios 3:17 es el "Dios" de Efesios 3:19) ¡Cuánta bendición hay en que el Creador habite en su criatura! ¡Esta es la cosa más maravillosa, bienaventurada y gloriosa de todo el universo!

El Señor no nos dejará huérfanos El en persona cuidará de nosotros: de alimentarnos, edificarnos y cargar con toda la responsabilidad por nosotros. Es decir, que el Espíritu Santo que habita en nosotros traducirá a nuestra experiencia subjetiva la realidad objetiva de lo que Cristo hizo por nosotros en la cruz El Espíritu de verdad nos guiará a la realidad ("Parákletos", la palabra griega traducida de ordinario como "consolador", representa dos ideas La primera es la de alguien llamado para estar al lado de la persona; es decir, para ayudarla Es lo mismo que decir que el Espíritu Santo es quien nos socorre Siempre que necesitamos su ayuda, El está a nuestro lado para auxiliarnos La otra idea es la de uno que aboga por la causa de otro Esto es, un abogado defensor Cristo aparece delante de Dios para abogar a favor nuestro)

Somos salvos en el momento en que somos regenerados, puesto que Dios "nos salvó   por el lavamiento de la regeneración" (Tito 3:5) La regeneración no sólo nos da vida, sino que nos libra de nuestra vieja criatura por el hecho de ser también un "lavamiento"

Eramos antes la vieja criatura, pero ahora, "por la renovación en el Espíritu Santo" (Tito 3:5), hemos recibido un corazón nuevo, un espíritu nuevo y una vida increada "De modo que si alguno está en Cristo, nueva criatura es; las cosas viejas pasaron; he aquí todas son hechas nuevas" (2 Corintios 5:17)

Una vez que una persona posee la vida divina, es capaz de conocer a Dios y las cosas espirituales Espiritualmente, se halla hoy ya en el reino de Dios; proféticamente, entrará en ese reino en el futuro (Juan 3:3, 5)

Con la regeneración, la persona no sólo entra ahora en posesión de la vida de Dios, sino que es también engendrada "para una esperanza viva   para una herencia incorruptible, incontaminada e inmarcesible, reservada en los cielos" (1 Pedro 1:3, 4) En el presente se convierte en una persona del cielo que está en la tierra; más adelante disfrutará de la posesión celestial reservada para ella en el cielo

¡Alabanzas y acciones de gracias le sean dadas a Dios por lo maravillosa que es la regeneración, y por lo bendito y glorioso que es su fruto!

Puesto que hemos sido regenerados, ahora pertenecemos a la raza divina No obstante, todavía tenemos que crecer hasta la madurez. Es decir, tenemos que llegar a ser como el Hombre-Dios que está en la gloria Sabemos que todas las clases de vida tienen sus características propias y sus propios instintos Por ejemplo, el ave, por ser ave, tiene un tipo de vida característico y unos instintos vitales propios Le gusta volar y tiene la capacidad de volar. El pez, como tal, tiene también sus propias características vitales y sus propios instintos Disfruta de la vida en el agua y tiene la capacidad de hacerlo Esto no es cierto solamente con respecto a la vida animal, sino que obra de la misma manera con respecto a la vida vegetal "Así, todo buen árbol da buenos frutos, pero el árbol malo da frutos malos. No puede el buen árbol dar malos frutos, ni el árbol malo dar frutos buenos" (Mateo 7:17, 18) Esta es la ley natural de la vida En cuanto a nosotros, que hemos nacido de nuevo y tenemos la vida de Dios, es natural que esta nueva vida tenga también sus propias características y sus propios instintos

Sin embargo, necesitamos tener en cuenta que, aunque la vida que recibimos es perfecta, no ha madurado en nosotros todavía En sí es tan perfecta, que tiene el potencial de llegar al nivel más alto No obstante, en el momento de la regeneración estamos como quien acaba de nacer, y necesitamos esperar a la madurez. Al igual que una planta recién nacida, nuestra vida es perfecta en ese momento, pero no está madura aún La perfección de un recién nacido está limitada a la fuente de la vida En cambio, la perfección de la madurez debe llegar a todas las zonas del organismo Esto explica por qué el hombre que es regenerado necesita que el Espíritu Santo lo renueve constantemente para que su nueva vida se vaya perfeccionando en todos los aspectos de su ser En las próximas páginas trataremos de presentar la manera en que esta semilla de vida manifiesta sus propias características e instintos

La ley de vida

Leamos otra vez Hebreos 8:10: "Pondré mis leyes en la mente de ellos, y sobre su corazón las escribiré " Aquí está la diferencia entre el Nuevo Pacto y el Antiguo En el Antiguo Pacto la ley estaba fuera del hombre, puesto que estaba escrita sobre tablas de piedra En el Nuevo Pacto, está en nuestra mente y se encuentra escrita sobre nuestro corazón. Lo que está por fuera y se encuentra escrito sobre tablas de piedra tiene que ser "de la letra" (2 Corintios 3:6) ¿Cuál es, entonces, la ley que puede ser puesta dentro de nosotros y escrita sobre nuestro corazón? ¿Cuál es la naturaleza de esta ley? En la Palabra de Dios hallamos que la ley que puede ser puesta en nuestra mente y escrita en nuestro corazón no es la "de la letra", sino la "de la vida" No todas las leyes serán de vida, pero toda vida tiene su ley La ley que Dios pone en nosotros es la vida que El nos da.

Tan pronto como una persona tiene la vida de Dios, tiene esta ley de vida dentro de sí. Dios viene a estar entre los hombres en su Hijo, y el Hijo de Dios llega a ellos en el Espíritu Santo. Es el Espíritu Santo el que nos trae esta vida, y la operación de esta vida en nosotros es lo que aquí se llama la ley de vida. En otras palabras, esta ley de vida procede del Espíritu Santo. Esto es lo que Romanos 8:2 define como "la ley del Espíritu de vida" Es una sola ley. La del Antiguo Pacto contiene muchos artículos, mientras que la del Nuevo no tiene primer, segundo, tercer artículo y así hasta el último. Sólo tiene uno: la ley de vida. Este es el Nuevo Pacto.

¿Cuál es la naturaleza de esta ley de vida? Esta naturaleza debe operar espontáneamente de cierta forma determinada Por ejemplo, el oído oye espontáneamente, y la vista ve de manera instintiva, sin que haya necesidad de controlarlos por la fuerza. De igual manera, la lengua gusta los alimentos y permite que se ingiera lo bueno, mientras que rechaza lo malo; todo esto, sin necesidad de esfuerzo consciente alguno Si el oído no sirve para oír, la vista para ver y la lengua para distinguir los sabores, la persona en cuestión debe estar muy enferma, o muerta Lo que Dios pone en nosotros es vida, y esta vida es una ley en sí misma El no ha colocado en nuestro interior una simple forma o letra externa, sino una ley viviente que obra de manera espontánea.

Vamos a poner un ejemplo Supongamos que usted le dice a un melocotonero seco: "Debes echar hojas verdes y flores rojas, y a su tiempo tienes que dar fruto " Lo puede seguir diciendo desde que comienza el año hasta que termina, que no recibirá nada, porque el árbol está seco. En cambio, si es un melocotonero vivo, le brotarán espontáneamente las hojas y los botones y producirá fruto sin que usted tenga que pedirle nada en absoluto Esta es la llamada ley de vida, que opera de manera automática

Puesto que Dios ha puesto vida en nosotros, esa vida es por naturaleza una ley que opera en forma espontánea Esta ley regulará automáticamente nuestra vida, y esa vida normará espontáneamente el contenido de la vida que hay en nosotros: las riquezas de Dios Su vida fluirá de forma natural si no es obstruida

Leyes y entrañas

"Daré *mi ley* en su mente (hebreo, "quereb", entrañas; n del E en castellano), y la escribiré *en su corazón*" (Jeremías 31:33b) ¿A qué se refiere la palabra traducida "mente", que originalmente significaba "entrañas"? Para comprenderlo, tenemos que estudiar lo que es el "corazón" (por "corazón" no entendemos aquí el órgano fisiológico) Exploraremos el tema de acuerdo a lo que nos dicen las Escrituras y a la experiencia de muchos hijos de Dios En cuanto a lo que dice la Biblia, parece que el término "corazón" abarca las partes siguientes:

(1) La conciencia va unida al corazón: "Purificados los corazones de mala conciencia" (Hebreos 10:22); "si nuestro corazón nos reprende" (1 Juan 3:20) "Reprender" es función de la conciencia, con lo que

vemos que la conciencia se encuentra dentro del ámbito del corazón

(2) La mente está también vinculada al corazón: "Conociendo Jesús los pensamientos de ellos, dijo: ¿Por qué pensáis mal en vuestros corazones?" (Mateo 9:4); "cavilaban en sus corazones" (Marcos 2:6); "el pensamiento de sus corazones" (Lucas 1:51); "¿por qué vienen a vuestro corazón estos pensamientos?" (Lucas 24:38) En todas estas citas hay una referencia al corazón "Y con el corazon entiendan" (Mateo 13:15); "meditándolas en su corazón" (Lucas 2:19); "discierne los pensamientos . del corazón" (Hebreos 4:12) Todos estos versículos indican que la mente está vinculada al corazón

(3) La voluntad también está atada al corazón: "Con propósito de corazón permaneciesen fieles al Señor" (Hechos 11:23); "habéis obedecido de corazón" (Romanos 6:17); "propuso en su corazón" (2 Corintios 9:7); "las intenciones del corazón" (Hebreos 4:12) Todo esto revela que la voluntad está decididamente vinculada al corazón

(4) También las emociones están ligadas al corazón: "El corazón de Jacob se afligió" (Génesis 45:26); "¿no ardía nuestro corazón en nosotros?" (Lucas 24:32); "No se turbe vuestro corazón" (Juan 14:1, 27) Todos estos pasajes confirman que las emociones están ligadas al corazón

Tomando como base estos pasajes, y aunque no nos atrevamos a asegurar que la conciencia, la mente, la voluntad o las emociones sean el corazón, sí nos atrevemos a afirmar al menos que el corazón las tiene a todas ellas unidas a sí Es capaz de ejercer control sobre la conciencia, la mente, la voluntad y las emociones Se puede decir que el corazón es la suma total de esas cuatro cosas La conciencia es la conciencia del corazón; la mente, la mente del corazón; la voluntad, la voluntad del corazón; las emociones, las emociones del corazón

Por consiguiente, las "entrañas" de las que habla Jeremías 31:33 comprenden al menos conciencia, mente, voluntad y emociones

La relación entre corazón y leyes

¿Qué se quiere decir al hablar de "leyes" en Hebreos 8:10 y 10:16? Hemos afirmado anteriormente que la ley de vida es una, y no varias ¿Por qué, pues, dicen "leyes" estos pasajes? ¿Por qué dicen "leyes", en plural? Esto se puede explicar de la manera siguiente: La vida que recibimos en la regeneración es una ley Esto se refiere a la ley en sí. En cambio, esta ley opera en nosotros en más de una forma La vida de Dios opera en todo nuestro hombre interior. Opera en nuestro espíritu, nuestra mente, nuestra voluntad y nuestras emociones Así pues, cuando Jeremías dice: "Daré mi ley en su mente ("entrañas", ver nota anterior), indica que la ley de la vida divina opera en cada una de las partes del interior del hombre.

La ley en sí es una sola y aparece en singular En cambio, su operación es diversa, y aparece en plural. Esto se podría asemejar al agua que usamos La fuente es una, pero las tuberías son muchas La vida que está en nosotros es *una* ley, aunque opera en *todas* nuestras partes interiores. La vida es *una*, mientras que sus operaciones son *múltiples* Obra en todas las partes interiores, y sin embargo su fuente es una sola

El corazón es el pasadizo de la vida

Aun cuando el espíritu es la parte superior del hombre, lo que realmente lo representa no es su espíritu, sino su corazón "Meditad en vuestro corazón" (Salmo 4:4) es una expresión que coincide con el proverbio chino que habla de que "el corazón y la boca se consultan el uno al otro". Podemos decir que el corazón es el verdadero "yo"; sin duda alguna es la cosa más importante en nuestra vida diaria.

El corazón se halla entre el espíritu y el alma Todo lo que entra en el espíritu tiene que pasar a través del corazón; igualmente es verdad esto respecto de todo lo que sale del espíritu. "Sobre toda cosa guardada, guarda tu corazón; porque de él mana la vida" (Proverbios 4:23). Esto quiere decir que el corazón es el pasadizo de la vida Es decir, todos los frutos que el hombre presenta al exterior provienen del corazón De ahí su gran importancia.

El corazón es el pasaje o canal a través del cual tiene que operar la vida. Esta es la razón de que Dios tenga que actuar primero sobre nuestro corazón antes de que su vida pueda entrar en nosotros. Si no hubiera pesar en el corazón, ni arrepentimiento, su vida no podría entrar en nosotros Dios tiene que tocar nuestro corazón, haciendo que sintamos el dolor por el pecado, o que gustemos la dulzura de su amor y lo maravilloso que es Cristo, con el fin de llevarnos al arrepentimiento El dolor del corazón es un asunto de la conciencia, mientras que el arrepentimiento es una transformación en el pensamiento. Cuando nuestro corazón sea tocado de esta manera, nuestra volición estará dispuesta a decidir, y nuestro corazón a creer. De esta forma entrará en nosotros la vida de Dios, como una simiente que es sembrada en nuestro interior (1 Pedro 1:23).

El corazón es el "interruptor" de la vida

Una semilla viva que se siembra en la tierra es capaz de crecer y crecer, pero su crecimiento no es incondicional Si, por ejemplo, nunca la riegan después de sembrarla, su crecimiento se retardará Esto no es cierto solamente en cuanto a las cosas físicas

Por ejemplo, el poder de la electricidad es enorme; sin embargo, basta que haya un pequeño interruptor desconectado para detener la corriente El poder de la vida espiritual es ciertamente grande y espontáneo, pero su crecimiento será limitado si no se cumple con las condiciones necesarias para lograr ese crecimiento

Entonces, ¿cómo podrá extenderse esta vida? No debemos olvidar que, al igual que la aceptación de la vida tiene su comienzo en el corazón, también su desarrollo tiene que empezar en el corazón Que se desarrolle nuestra vida espiritual o no, dependerá de lo abierto que tengamos el corazón para Dios Si nuestro corazón está abierto para El, nuestra vida se desarrollará. En cambio, si permanece cerrado, no hay posibilidad de expansión Así pues, esto nos hace volver al tema del corazón: no podemos darnos el lujo de pasarlo por alto

Debemos reconocer que el corazón tiene sus gustos y sus inclinaciones. Adorar y servir a Dios no es asunto del corazón, sino del espíritu En cambio, desear a Dios y amarlo no es asunto del espíritu, sino del corazón El corazón puede amar a Dios, pero no puede tocarlo Puede inclinarse hacia Dios, pero no puede tener comunión con El Lo que puede tocar a Dios y comunicarse con El es el espíritu

Algunos tienen la opinión de que debemos usar nuestro cerebro cuando tratamos cosas relacionadas con Dios, al igual que lo necesitamos para oír los sonidos Esto último es cierto: para oír los sonidos necesitamos usar el cerebro; con todo, necesitamos también el uso del oído Si alguien nos está hablando, y no oímos, ¿podremos entender sus palabras? Los ojos son para ver las cosas y para distinguir los colores: rojo, blanco, amarillo, azul Suponga que usted no tuviera ojos: ¿Podría distinguir los colores?

Para ver, hay que usar los ojos Son los oídos los que transmiten los sonidos al cerebro De igual manera, es necesario que sea el espíritu el que entre en contacto con las cosas espirituales

Aun así, si usted fuera una persona carente de corazón, Dios seguiría en la imposibilidad de comunicarse con usted y tener comunión con su persona Nuestro corazón es como el interruptor de una lámpara eléctrica: si está conectado, hay luz; si se desconecta, se acaba la luz Si su corazón permanece abierto a Dios, a El le es fácil tener comunión con nosotros y comunicarse con nosotros En cambio, si su corazón está cerrado a El, le será difícil hacerlo La vida de Dios en nosotros es una realidad No obstante, el corazón es el interruptor de esa vida La posibilidad de que la vida divina fluya desde nuestro espíritu hasta nuestra conciencia, mente, voluntad y emociones depende de nuestro corazón, que hace el papel de interruptor Si nuestro corazón está abierto, la vida de Dios alcanzará todas nuestras entrañas; si está cerrado, no logrará llegar a ellas

El corazón puede bloquear la operación de la vida

Después de ser regenerados por el Espíritu Santo, poseemos una vida increada; la misma vida de Dios. Esta vida está llena de poder, un poder infinito que no está restringido ni por el tiempo ni por el espacio A pesar de esto, si nuestro corazón nos causa problemas, la vida de Dios quedará seriamente bloqueada en nosotros Si hay algún problema en nuestra conciencia, no hay duda alguna de que la vida de Dios se verá impedida en nosotros Lo mismo tenemos que decir si hay algún problema en nuestra mente, en nuestras emociones o en nuestra voluntad: la vida de Dios quedará obstruida Sí, la vida de Dios es puesta en nuestro espíritu, pero hace falta que ella fluya hasta nuestras entrañas Si alguna de ellas se convierte en problema, quedará bloqueada en nosotros.

Es un hecho que todo aquel que pertenece al Señor por la gracia, tiene la vida de El dentro de sí Esto es totalmente cierto e innegable También lo es que la vida de Dios en nosotros está despierta y activa, y si la tenemos en nosotros, debemos experimentar revelación, iluminación, una voz interior y una sensación interna especial Aun así, muchos hijos de Dios se preguntan por qué no tienen revelación, iluminación, voz interior ni sensación alguna ¿Se deberá a que la vida de Dios no está realmente en ellos? ¿O será que no está despierta? Por supuesto, la respuesta a ambas preguntas es "no" Es un hecho cierto e innegable que la vida de Dios está en nosotros y que está despierta y activa No tenemos revelación, iluminación, voz interior ni sensación interna porque, de nuestra parte, el "corazón" causa problemas O nuestra conciencia se convierte en problema debido a que no nos enfrentamos a lo que ella condena; o nuestra mente se embrolla en preocupaciones, malos pensamientos, contiendas o dudas Quizá sea un problema de la voluntad, como la terquedad o la desobediencia, o de las emociones, como los deseos carnales o alguna inclinación natural Con seguridad, hay alguna parte del corazón que se ha convertido en problema o estorbo

La vida de Dios ha sido puesta en nosotros, y trata de brotar de nuestro espíritu Sin embargo, a veces no le permitimos pasar Debido a algún obstáculo levantado por nuestra conciencia, nuestra mente, nuestra voluntad o nuestras emociones, la vida de Dios es incapaz de fluir de nosotros como algo normal en nuestra vida Tengamos siempre presente que, para propagarse al exterior, la vida de Dios debe pasar a través de las diversas partes del corazón Si hay algún problema en cualquier lugar de nuestro corazón, éste bloqueará la operación de la vida divina en nosotros

Podemos probar lo dicho con las palabras de Efesios 4:17-19: "Esto, pues, digo y requiero en el Señor: que ya no andéis cómo los otros gentiles, que andan en la vanidad de su mente (griego *nous*, pron *nús*), teniendo el entendimiento (griego *diánoia*) entenebrecido, ajenos de la vida de Dios por la ignorancia que en ellos hay, por la dureza de su corazón; los cuales, después que perdieron toda sensibilidad, se entregaron a la lascivia para cometer con avidez toda clase de impureza."

[La palabra *nous*, que aparece en el versículo 17, es usada más de veinte veces en el Nuevo Testamento. Esta palabra, traducida como "mente", por lo general designa el asiento del estado de conciencia reflexiva, y comprende las facultades de percepción y entendimiento, al igual que las relacionadas con los actos de sentir, juzgar y decidir Su uso puede ser analizado de la manera siguiente: Denota (a) la facultad de conocer, el asiento del entendimiento: Lucas 24:45; Romanos 1:28 y 14:5; 1 Corintios 14:15, 19; Efesios 4:17; Filipenses 4:7; Colosenses 2:18; 1 Timoteo 6:5; 2 Timoteo 3:8; Tito 1:15; Apocalipsis 13:18 y 17:9; (b) consejo, propósito: Romanos 11:34 — es decir, los propósitos de la mente de Dios —, Romanos 12:2; 1 Corintios 1:10 y 2:16 — usada dos veces en 2:16 para indicar, primero el pensamiento y consejo de Dios y segundo, el pensamiento y consejo de Cristo, lo cual es un testimonio de su divinidad — y Efesios 4:23; (c) la nueva naturaleza, que le pertenece al creyente debido a su nuevo nacimiento: Romanos 7:23, 25, donde la palabra "mente" es contrastada con la palabra "carne", esta última como principio del mal que domina al hombre caído *Nota del traductor al idioma inglés, basada casi completamente en un artículo de la obra An Expository Dictionary of New Testament Words (Un diccionario expositivo de palabras neotestamentarias), por W E Vine A continuación regresamos al texto de Watchman Nee*

La palabra *nous* incluye en su significado tanto al entendimiento como al pensamiento Aunque no nos atrevemos a decir que *nous* sea todo lo que es la mente, sin embargo es, sin duda alguna, la parte principal de la mente Por esta razón la palabra suele traducirse como "mente" Los seres humanos tenemos tres instrumentos de conocimiento: en lo físico, el cerebro; en lo espiritual, la intuición; y en lo anímico, el *nous*, que es controlado también por la intuición Todos conocemos el papel del cerebro En cuanto a la intuición, a veces sentimos su presencia y a veces no En unas ocasiones nos impulsa y en otras nos frena Ese algo especial que llevamos dentro se llama intuición El *nous* se halla entre la intuición y el cerebro Descubre el significado de la intuición y hace que el cerebro piense en él Si nuestro *nous* es deficiente, seremos incapaces de expresar nuestro sentir interior, aun cuando nuestra intuición sea fuerte y nuestro cerebro funcione bien Ahora bien, el *nous* del versículo 17 es el órgano del pensamiento, así como los ojos son los órganos con que se ve En cambio, la *diánoia* — entendimiento — del versículo 18 es una función de este órgano del pensamiento, al igual que la vista es la función de los ojos]

La vanidad de la mente (o *nous*), según lo citado más arriba en el pasaje de Efesios 4:17-19; es lo que comúnmente llamamos "construir castillos en el aire" Es el pensamiento vano La mente de esta persona se halla completamente ocupada con toda clase de pensamientos vanos Hace algún tiempo se solía contar lo que le sucedió a un hombre a quien se le había pedido que orara después de que el predicador concluyera su sermón Mientras lo hacía, no pudo dejar de orar acerca de sus cincuenta y dos cordeles de dinero (en aquel tiempo en China las monedas eran ensartadas en cordeles) En la mente de ese hombre estaba continuamente un pensamiento vano: la preocupación por el dinero Entonces, ¿cómo iba a poderse liberar la vida de Dios cuando llegara a aquella parte de su corazón? En este ejemplo podemos notar que una persona, una cosa o un suceso puede convertirse en pensamiento vano y ocupar nuestra mente Cada vez que uno de estos pensamientos vanos usurpa nuestra mente, asfixia la vida de Dios en ella (Mateo 13:22).

Tan pronto como la mente del hombre queda ocupada por la vanidad, su entendimiento queda oscurecido, y su capacidad de comprensión se vuelve torpe En cierta ocasión, un joven cristiano había quedado atrapado por cierto pensamiento Se puso a cavilar acerca del tema hasta que le pareció que la cabeza le daba vueltas Tan pronto pensaba que aquello era voluntad de Dios, como que *no* lo era Su mente dio vueltas y luchó hasta que quedó completamente perplejo Esto se debió al oscurecimiento de su *diánoia:* su poder de comprensión quedó en tinieblas.

¿Cómo se vuelve vana la mente? ¿Cómo se entenebrece el entendimiento y se aleja la persona de la vida de Dios? Todo esto se debe a la ignorancia que hay en ella, por el endurecimiento de su corazón, que rechaza todos los sentimientos El corazón se endurece a tal grado, que llega a carecer de sensibilidad Todo se origina en el corazón

Podemos decir entonces que, si el corazón de una persona se endurece, quedará apartada de la vida de

Dios. Será cada vez más ignorante y menos capaz de entender Por consiguiente, la vida se verá impedida de crecer en ella De todo esto podemos deducir que la ley de vida está obrando en nosotros, esperando fluir, como es ley de su naturaleza, a través de las partes interiores de nuestro ser No obstante, su operación quedará bloqueada si existe cualquier tipo de problema en los diversos elementos del corazón Para que la vida de Dios pueda extenderse libremente en nosotros, es necesario que nuestro corazón se halle más allá de todo reproche.

El corazón de piedra, el corazón de carne
y la vida

Ezequiel 36:25-27 habla de cinco cosas por lo menos: (1) de lavarnos con agua limpia, (2) de darnos un corazón nuevo, (3) de poner dentro de nosotros un nuevo espíritu, (4) de quitarnos el corazón de piedra y darnos un corazón de carne, y (5) de poner dentro de nosotros el propio Espíritu de Dios El resultado combinado de estas cinco acciones divinas es el que nos permite andar en los estatutos de Dios, guardar sus normas y cumplirlas

Ya hemos tocado los temas del corazón nuevo, el espíritu nuevo y la inhabitación del Espíritu Santo en nosotros Hablaremos ahora en forma breve de la forma en que Dios nos quita el corazón de piedra para darnos un corazón de carne. Debemos entender que, al referirnos a un corazón de piedra y un corazón de carne, no queremos decir que tengamos dos corazones, porque nuestro corazón sigue siendo uno El "corazón de piedra" es una referencia a la dureza de corazón, mientras que el "corazón de carne" se refiere al corazón tierno El corazón es uno solo

En el momento en que recibimos la salvación, Dios nos da un corazón de carne Aun así, nuestro corazón de piedra sigue existiendo todavía Se puede decir que, por una parte tenemos un corazón de carne, y por la otra, un corazón de piedra La desaparición del corazón de piedra no es instantánea; es más bien un reblandecimiento gradual El progreso de la vida de Dios en nosotros depende enteramente del grado de reblandecimiento de nuestro corazón A medida que nuestro corazón de piedra se va transformando gradualmente en un corazón de carne, la vida de Dios va teniendo cada vez menos estorbos en su operación

Con respecto a esto, los hijos de Dios tienen muchas experiencias similares El día en que una persona es salva, se reblandece su endurecido corazón Sin embargo, no nos atrevemos a decir que se haya reblandecido por completo Quizá en ese momento se haya reblandecido, digamos que en un setenta por ciento Sin embargo, poco después comienza a endurecerse otra vez Tal parece como si su corazón volviera a su primer estado de dureza. Este endurecimiento es también un proceso gradual Es posible que la persona se sienta acosada por algún problema, la afecte alguna persona, esté enredada con alguna cosa determinada o incluso magnetizada por algún trabajo Cae por alguna de estas causas, y su corazón se vuelve a convertir en problema

De ahí que el progreso de nuestra vida depende por completo de la transformación de nuestro corazón: de si sigue en su dureza o si se convierte en un corazón de carne Si hay algo que lo domina y que no es Dios, ya sea un asunto, una persona o una cosa, lo normal será que la operación de la vida en esa persona se vea llena de obstáculos Por esta razón, Dios quiere transformar continuamente nuestro corazón hasta que se convierta en un corazón enteramente de carne Entonces será cuando el Espíritu de Dios podrá hacer que nuestra vida interior se extienda con fuerza

Para que la vida de Dios se vuelque de nosotros
hacia el exterior, hace falta que El toque nuestro
corazón y haga desaparecer su dureza Hay quienes
son conmovidos por el amor de Dios; en cambio otros
son alcanzados por su disciplina Hubo un tiempo en
que los hijos de Israel estaban tan rebeldes contra
Dios, que El tuvo que enviarles un castigo para
volverlos a atraer a sí. Hasta es posible que una
hermana esté tan ocupada con su niño, y tan dedica-
da a él en exclusividad, que Dios, tras repetidas
advertencias, tenga que quitárselo con el fin de que
su corazón vuelva a El Puede que cierto hermano
esté tan absorto en sus negocios, que Dios, después
de hacerle diez advertencias sin recibir respuesta
alguna, tenga que dejar que su negocio quiebre
Solamente así su corazón volverá a Dios También
puede ser que un siervo del Señor esté tan entregado
a su trabajo, que se hunda en él desde que amanece
hasta que se pone el sol, y de esta manera su corazón
se aparta de Dios, a quien reemplaza por su obra
Dios le habla una vez, quizá diez veces, pero no
quiere escucharlo Entonces lo disciplina Cuando cae
bajo la disciplina es cuando su corazón comienza a
comprender lo que sucede, y regresa a El

Algunos hermanos y hermanas tienen su propia
honra, especialidad y justicia. Sin embargo, esa
honra, esa especialidad y esa justicia por las que
velan tan estrictamente se convierten en motivos para
su vanagloria, y medidas con las que juzgan a los
demás Verdaderamente, estas cosas les han ahogado
el corazón. Dios les habla una vez, dos, diez, veinte.   pero ellos no quieren escuchar Finalmente, su
mano tendrá que caer sobre ellos Cuando esto
suceda, volverán en sí y se postrarán ante Dios Una
vez más su corazón se volverá enteramente a El

Así obra Dios con el fin de transformar los corazones de piedra en corazones de carne De esta forma, su vida puede obrar sin obstáculos. Si Dios toca nuestro corazón, lo natural es que le digamos: "Señor, me consagro a ti Quiero volverme hacia ti de todo corazón " En el momento mismo en que le hagamos el ofrecimiento de permitirle obrar en nosotros, El comenzará a hacerlo A medida que vaya obrando, iremos viendo, oyendo y sintiendo algo en nuestro interior Lo único que usted necesita es estar dispuesto a obedecer a Dios, y la vida de El se moverá en la conciencia, la mente, la voluntad y las emociones de su corazón No sólo eso, sino que se seguirá moviendo en su interior

Dos condiciones necesarias para que la vida obre en nosotros

La ley de la vida es hacerla salir de nuestro espíritu para que pueda operar a través de las diferentes partes de nuestras "entrañas" Sin embargo, hay ocasiones en que no puede pasar por ellas; es como si se topara con una pared Esto se debe a que nosotros mismos la hemos bloqueado Para que la vida obre libremente, debemos cumplir dos condiciones

Obedecer al primer impulso de la vida

Una de las condiciones es que debemos obedecer al primer impulso de la vida Necesitamos aclarar que la persona que no ha sido regenerada, no tiene sensación interior alguna Sólo los que han nacido de nuevo tienen al menos algo de esa sensación interior

Cierta vez un médico cristiano le dijo a un predicador: — El comienzo de la vida espiritual y su crecimiento proceden del hambre y la sed Hay muchas personas que no sienten ninguna de las dos cosas ¿De qué manera podemos ayudarlas a sentirlas?

El predicador le contestó: — Usted es médico Usted sabe que en el hombre hay vida A menos que esté muerto, tendrá deseos de alimentarse, poco o mucho. ¿De qué manera puede aumentar su apetito? Dándole una medicina que lo estimule, hasta que sus deseos de comer vuelvan a la normalidad. De igual manera, las personas que tienen alguna sensación interior deben aprender a obedecer ese impulso Cuando alguien obedece esta pequeña sensación, su hambre y sed espiritual aumentarán algo. Mientras más obediencia haya, más fuertes serán el hambre y la sed. A medida que esa sensación interior se va fortaleciendo, se va obedeciendo más, y mientras más se obedece, más aumenta la sensación interior Una obediencia mayor equivale a un aumento en la sensación interior. De esta manera, la persona se da cuenta inmediatamente de que tiene vida interior.

Esta es la forma en que la vida opera en nosotros Se vuelve hacia la parte emocional de nuestro corazón, haciendo que nos movamos hacia Dios. Después se dirige a la parte mental de nuestro corazón, acercándonos a Dios A continuación, se vuelve a la volición, y nos motiva aún más a un acercamiento a Dios. Mediante estos ciclos en los que se va dirigiendo a las diferentes partes del corazón, nuestra vida espiritual se incrementa, profundiza y eleva. Por eso necesitamos comenzar por *obedecer a las sensaciones interiores, por pequeñas que sean* Debemos aprender a obedecer su impulso tan pronto como lo sintamos.

Algunos podrán preguntar: ¿Qué sucede después de obedecer? A esto contestaremos: Antes de obedecer su primera sensación interior, la persona no necesita preocuparse por lo que vendrá después Según vemos en la Biblia, Dios nunca le da a una persona dos sensaciones distintas al mismo tiempo Abraham es un buen ejemplo. Cuando salió de Ur, no sabía dónde iba (Hebreos 11:8). Lo único que sabía era que Dios lo había llamado para que saliese de su tierra natal y de su parentela, y se fuese a la tierra que El le mostraría (Hechos 7:3). Su primera sensación interior fue salir de Ur de Caldea. La vida que nos guía no nos hará nunca independientes, sino que nos llevará siempre a confiar en Aquel que nos dirige.

Esta experiencia de Abraham confirma el hecho de que, cuando alguien da el primer paso, no sabe cuál será el paso siguiente. Abraham se limitó a caminar paso a paso, y confiar a medida que avanzaba. Dios no le dio solamente la fe, sino también su propia vida y naturaleza. De ahí que, después de dar un primer paso en obediencia, tengamos que levantar la vista a Dios y encomendarle nuestro paso siguiente. De esta forma, El nos irá guiando paso a paso. A medida que vayamos aprendiendo por la gracia de Dios a seguirlo en forma profunda y cada vez más total, iremos teniendo también estas sensaciones en nuestro ser interior.

Es una realidad maravillosa el que, si traspasamos los límites puestos por Dios, o si nuestra acción no concuerda con nuestra vida interior, de inmediato sentiremos que aquello nos es "prohibido por el Espíritu Santo" (Hechos 16:6), y que "el Espíritu no (nos) lo permite" (Hechos 16:7). Si obedecemos esa dirección interior en todas nuestras idas y venidas una y otra vez, iremos progresando en la vida. Repitamos lo dicho: Necesitamos obedecer el primer impulso de la vida, aunque sea la más pequeña de las sensaciones, ya que la obediencia es una condición importante para que la vida pueda obrar en nosotros.

Amar a Dios

La otra condición es amar a Dios: "Amarás al Señor tu Dios con todo tu corazón, y con toda tu alma, y con toda tu mente y con todas tus fuerzas" (Marcos 12:30) La palabra traducida aquí como "mente" es *diánoia* en griego Según las Escrituras, el amor a Dios está relacionado con la operación de su vida en nosotros De acuerdo con la experiencia de muchos santos, Dios siembra primero su vida en nosotros, para suscitar las emociones de nuestro corazón con el amor Si estudiamos el evangelio de Juan, veremos que en él se insiste en el amor tanto como en la fe. No sólo declara que "el que cree en el Hijo tiene vida eterna" (Juan 3:36), sino también: "El que me ama, mi palabra guardará; y mi Padre le amará, y vendremos a él, y haremos morada con él" (Juan 14:23). *Por la fe se recibe la vida; mediante el amor, esa vida es liberada en nosotros* Unicamente la fe hará que la vida entre en nosotros, y sólo el amor hará que salga de nosotros.

Por tanto, debemos permitir que ese amor penetre hasta el interior de nuestro corazón; que se abra paso hasta sus partes emocional, intelectual y volitiva Elevemos, pues, el corazón para decir: "Dios mío, quiero amarte con toda mi alma; quiero amarte con todo mi entendimiento; quiero amarte con todas mis fuerzas." Cualquiera que diga esto con sinceridad, notará muy pronto que cambian su pensamiento, su forma de hablar y su conducta Se verá transformado por completo, tanto interior como exteriormente ¿Por qué? Porque hay una "historia de amor" dentro de él. Lo que Dios espera hoy de nosotros es que nuestro corazón se deje tocar de El; que nuestra alma, nuestro entendimiento y nuestras fuerzas sean tocados por El "Pero cuando se conviertan (cuando su corazón se vuelva) al Señor, el velo se quitará" (2 Corintios 3:16) Tan pronto como el corazón se vuelve al Señor, vienen la iluminación, la voz interior y la sensación interna

La cuestión que tenemos delante usted y yo no es, por tanto, qué es la iluminación, o la voz o la sensación, sino otra: "¿Dónde se halla mi corazón?" Si usted tiene el corazón apegado a una persona, una cosa, o un asunto, o incluso a un don o experiencia espiritual, o a una obra de tipo espiritual, su vida interior se verá limitada en su crecimiento, y no será capaz de fluir al exterior, porque no podrá pasar a través de su corazón Por tanto, *¡es necesario que le entregue el corazón al Señor!* Debe estar apegado a El. Si su corazón está realmente dirigido hacia Dios, tendrá iluminación, voz interior y sensación interna. Entonces, ¿cómo puede usted llegar a saber cuál es la voluntad de Dios? No será comprendiéndola primero en su cabeza, sino ante todo, volviendo el corazón hacia Dios. Debemos orar, diciendo: "Dios mío, sólo te deseo a ti, y a nadie ni a nada más que a ti." Cuando esto se haga realidad en usted, podrá saber con facilidad cuál es la voluntad de Dios.

Romanos 12:1, 2 nos confirma esto. Pablo comienza por decir: "Os ruego por las misericordias de Dios " Esto es tocar las emociones del corazón. Luego dice: "Que presentéis vuestros cuerpos en sacrificio vivo." He aquí un acto de la voluntad. Finalmente dice: "Transformaos por medio de la renovación de vuestro entendimiento, para que comprobéis cuál sea la buena voluntad de Dios, agradable y perfecta " Esto está destinado a que nuestra mente comprenda la voluntad de Dios De esta manera nos muestra cómo la vida interior del hombre es capaz de llegar hasta las emociones, la voluntad y la mente de su corazón Esta es la forma en que se extiende y difunde esa vida Cuando nuestro corazón se haya vuelto totalmente a Dios, El nos dará sensación interna, nos

guiará y nos sostendrá, de manera que tengamos
fortaleza interior para obedecerlo De esta manera se
transformarán tanto nuestro estado exterior como
nuestro estado interior Si queremos que nuestra vida
crezca y se expanda, ¡tenemos que amar al Señor
nuestro Dios con todo nuestro corazón, con toda
nuestra alma, con todo nuestro entendimiento y con
todas nuestras fuerzas!

Dos efectos de la operación de la vida

Si obedecemos a la vida de Dios y le permitimos
que obre en nosotros, las consecuencias naturales
serán el crecimiento y la expansión Al dejar que esta
vida obre sin cesar dentro de nosotros — tanto en la
conciencia como en la mente, la voluntad y las
emociones — permitiremos que vaya sacando de
nuestro interior todo lo indeseable y depositando en
él las riquezas que nos vienen de Dios Este proceso,
que consiste en quitar un poco para añadir otro poco,
se produce continuamente en nuestro interior Mientras más se quite, más se podrá añadir Se quita a
Adán; se añade a Cristo Se quita lo viejo; se añade lo
nuevo Se quita lo muerto; se suma lo vivo Poco a
poco, el paso por este proceso de resta y suma va
haciendo que nuestra vida crezca

Cuando la vida de Dios obra en nosotros, su
operación tiene dos efectos Uno es el efecto de
muerte; el otro es el efecto de resurrección El efecto
de muerte hace desaparecer la enfermedad, mientras
que el de resurrección restaura la salud El primer
elemento de la cruz del Señor es la muerte; el
segundo es la resurrección Se nos dice en Romanos 6
que estos dos son los elementos más fuertes y más
eficaces de la vida de Cristo Ahora bien, ¿qué es la
cruz? Es esto: que cuando Dios toca el corazón de una
persona, esta se pone en sus manos para que la vida

de El opere en ella A medida que lo hace, hay un elemento de esa operación que la lleva a la muerte. Este efecto de muerte quita de esa persona todo lo indeseable: todo lo que se rebela contra Dios, todo lo que es contrario a la vida y todo lo que se opone al Espíritu Santo. Al mismo tiempo, hay también un elemento activo que hace que esa persona viva. El efecto de esta vida es que nos capacita para disfrutar a plenitud todas las riquezas de la Divinidad, con lo que nos llena de luz, gozo y paz.

Así es como obran en nosotros tanto la muerte como la vida de Cristo, con el fin de librarnos del pecado — de todo cuanto Dios aborrece y condena — para darnos al mismo tiempo refrigerio, luz, gozo y paz. Y a medida que desaparece lo que se nos quita, va apareciendo lo que se nos da. La vida de Dios irá obrando y moviéndose por las distintas partes de nuestro corazón para que vayamos perdiendo algo de nuestro hombre viejo mientras ganamos algo del nuevo. Cuando la vida de Dios obra en nosotros, vamos muriendo un poco más cada vez, al mismo tiempo que nos vamos vivificando un poco. Esa vida va obrando sin cesar, quitando cada vez más de lo indeseable y poniendo cada vez más de lo deseable. Mientras más vaya quitando de lo que está muerto, más se irá acrecentando lo que está vivo. Permita que la vida de Dios obre en usted. Deje que pase por todas sus entrañas y opere en ellas sin obstáculo alguno, de tal manera que siempre tenga algo que quitar de usted y algo que poner en usted.

El poder operativo de la vida

"Porque si aquel primero hubiera sido sin defecto, ciertamente no se hubiera procurado lugar para el segundo" (Hebreos 8:7) Ya hemos mencionado que el defecto del primer pacto no se hallaba en el pacto en sí; más bien lo que se hace resaltar de él es lo que no era capaz de hacer en el hombre. Estaba escrito sobre tablas de piedra y detallado artículo tras artículo. Le exigía al pueblo que guardara la ley de Dios; sin embargo, no le daba el poder necesario para guardar esas leyes. El Nuevo Pacto es un pacto mejor, porque la ley está puesta en la mente de los hombres y escrita en su corazón, para que puedan obedecer la voluntad de Dios Más aún: no necesitan de otros que les enseñen, porque conocerán a Dios en su interior.

Declaramos, por lo tanto, que el Nuevo Pacto es inmensamente valioso y glorioso sobremanera. Sin embargo, como lo hemos señalado anteriormente, puesto que sus leyes son puestas en el interior del hombre, la vida de Dios queda bloqueada y no es capaz de extenderse si no puede pasar a través de alguna parte de su interior

Entonces, ¿está sujeto el Nuevo Pacto a la misma debilidad a la que estaba sujeto el primero? De ninguna manera. El Nuevo Pacto es capaz de hacer lo que el primero no podía hacer: "Lo que es imposible para los hombres, es posible para Dios" (Lucas 18:27) El Nuevo Pacto tiene poder, porque la operación de esta vida es sumamente poderosa. Tiene "el poder de una vida indestructible [*indisoluble*, en griego]" (Hebreos 7:16). Es la fuerza de su poder la que resucitó de los muertos al Señor Jesús (Efesios 1:20) Es también este poder el que actúa en nosotros "mucho más abundantemente de lo que pedimos o entendemos" (Efesios 3:20) Pasemos a explicar este tema

Vuelve el corazón hacia Dios

Se nos habla en 2 Corintios 3:14-16 de cómo el entendimiento de los hijos de Israel quedó embotado de tal manera que, hasta el día de hoy, cuando leen el Antiguo Pacto, permanece el mismo velo sobre su corazón También se nos dice que cuando su corazón se convierta realmente al Señor, ese velo les será quitado. De ahí que ese velo sea en realidad su corazón endurecido para con el Señor. Siempre que el corazón de una persona se convierte en problema, surge un velo en su interior.

Entonces, ¿cómo se volverá nuestro corazón hacia el Señor? La Biblia afirma: "Como los repartimientos de las aguas, así está el corazón del rey en la mano de Jehová; a todo lo que quiere lo inclina" (Proverbios 21:1). Bastará con que estemos dispuestos a poner nuestro corazón en las manos de Dios para que El pueda cambiarnos por completo Necesitamos orar de esta manera: "Inclina mi corazón a tus testimonios, y no a la avaricia" (Salmo 119:36) Entonces Dios realizará el cambio en nuestro corazón

Cuando una persona es verdaderamente salva, tiene el corazón renovado Aun cuando algunas veces se vuelva fría y apartada, sabrá interiormente lo que sucede Dios tendrá misericordia de ella, y su vida seguirá operando en ella, hasta que un día ore, en forma audible o silenciosa, diciendo: "¡Oh, Dios, inclina mi corazón hacia ti!" En cuanto se le da esta pequeña oportunidad, su vida opera con más fuerza, y se va intensificando hasta que el corazón de esa persona se levanta y se vuelve a Dios

Hace que el hombre obedezca a Dios

"Como siempre habéis *obedecido*   (pero) *mucho más* ahora" (Filipenses 2:12) ¿Cómo podrán obedecer hasta tal grado? Porque "Dios es el que en vosotros produce así el querer como el hacer, por su buena voluntad" (Filipenses 2:13) Con cuánta frecuencia *no queremos obedecer* a Dios, además de que *no lo obedecemos* Si usted es verdaderamente salvo, es que hubo un momento en que el Señor tocó su corazón. Aun cuando haya vuelto a caer en algo, y el corazón se le haya endurecido, en su interior seguirá teniendo conciencia de lo sucedido En su misericordia para con usted, la vida de Dios seguirá obrando en su interior, hasta que un día su corazón desee nuevamente obedecerlo. Cuando hay esta disposición, al mismo tiempo que se le quiere obedecer, se tiene la capacidad de hacerlo. Esto no es más que la vida misma de Dios, que obra en las emociones y la voluntad de su corazón y seguirá obrando hasta que usted lo obedezca

En cierta ocasión, una hermana se sentía tan acusada por su conciencia, que le parecía que nunca más iba a tener el deseo de cumplir la voluntad de Dios, ni lo iba a obedecer Estaba tan angustiada, que era como si sólo estuviera esperando oír su sentencia de muerte Sin embargo, en esos momentos difíciles brotó una oración en su interior Le susurró a Dios: "Oh, Dios mío, aunque no puedo tener el deseo de hacer tu voluntad, te pido que me des obediencia " Cosa extraña, las palabras de Filipenses 2:13 fueron las que la sostuvieron ese día: "Dios es el que en vosotros produce así el querer como el hacer, por su buena voluntad " Había comenzado a entender que, a menos que Dios hubiera obrado en su corazón, ella no habría estado en capacidad de orar así Puesto que Dios había logrado que orara de aquella forma, con toda seguridad había hecho también que quisiera hacer su voluntad y actuara de manera agradable a El La había capacitado para obedecer su voluntad, porque ése es el propósito de su obra en nuestro interior Ella lo comprendió así, se levantó y se llenó de gozo.

Realiza las buenas obras que Dios preparó de antemano
"Somos hechura suya, creados en Cristo Jesús para

buenas obras, las cuales Dios preparó de antemano
para que anduviésemos en ellas'' (Efesios 2:10) Esta
obra es realizada personalmente por Dios en Cristo
Jesús Se la puede llamar ''la obra maestra de Dios''.
¿Qué es una obra maestra? Es la mejor de todas, la
que sobrepasa a las demás. Dios salva a las personas
para volverlas a crear en Cristo Jesús de la mejor de
las formas. Esta es la operación del poder de vida que
hay en nosotros Esta es la característica del Nuevo
Pacto

¿Nos crea Dios en Cristo Jesús hasta el punto en
que nos hallemos satisfechos con nosotros mismos?
No El nos crea en Cristo Jesús ''para buenas obras''.
¿Qué son las ''buenas obras''? Son obras que ''Dios
preparó de antemano para que anduviésemos en
ellas'' ¡Cuán alta es esta norma! Las buenas obras
que Dios ha preparado desde antes para que nosotros
las hagamos, tienen que ser verdaderamente ''buenas'' a los ojos de Dios

Ahora bien, Dios sólo reconocerá como bueno lo
que se origina en el ''amor'' (vea Mateo 19:17): ''Si
repartiese todos mis bienes para dar de comer a los
pobres, y si entregase mi cuerpo para ser quemado, y
no tengo amor, de nada me sirve'' (1 Corintios 13:3).
Las buenas obras que proceden del amor son distintas de las ordinarias Son el bien que fluye de la vida
de amor; el bien hecho en amor. Obras así sólo las
puede llevar a cabo la vida de Dios

Demos gracias a Dios por habernos salvado; por
haber puesto su vida dentro de nosotros. De esta
manera, mediante el poder que hay en esa misma
vida, El puede realizar la obra maestra de crearnos en
Cristo Jesús para las buenas obras que El mismo
preparó de antemano para que anduviésemos en
ellas En esto consiste el Evangelio. En esto consiste
también la gloria del Nuevo Pacto

Lucha en la potencia de Dios

"Su gracia no ha sido en vano para conmigo", declara el apóstol Pablo ¿De qué manera? Esto es lo que explica: "Antes he trabajado más que todos" los otros apóstoles También se apresura a añadir: "Pero no yo, sino la gracia de Dios conmigo" (1 Corintios 15:10) El trabajó más que todos, no porque tuviera más salud que los demás, ni porque fuera más diligente que ellos, sino porque la gracia de Dios estaba con él

Pablo escribió también lo siguiente: "A quien [a Cristo] anunciamos, amonestando a todo hombre, y enseñando a todo hombre en toda sabiduría, a fin de presentar perfecto en Cristo Jesús a todo hombre." ¿Cómo podía él realizar esa obra? Lo explica a continuación: "Para lo cual también trabajo, luchando según la potencia de él, la cual actúa poderosamente en mí" (Colosenses 1:28, 29) La palabra "poderosamente" se puede traducir también así: "con un poder explosivo" En otras palabras, la obra que Dios hacía dentro de Pablo tenía un poder explosivo Por consiguiente, la que se realizaba a través de él tenía ese mismo poder explosivo El apóstol trabajaba, no con sus fuerzas psíquicas, sino con ese divino poder explosivo Ese poder explotaba en él de manera incesante, y hacía que luchara diligentemente a fin de presentar perfecto en Cristo Jesús a todo hombre. Este poder explosivo es el poder operativo de la vida de Dios Es este poder de vida el que nos capacita para trabajar más intensamente, y luchar con más diligencia Ese "trabajo más intenso" y esa "lucha más diligente" son evidencias de la gracia y del poder de vida que se hallan en nuestro interior

Con esto se nos muestra que Dios nos da su gracia, no con la mira de volvernos admiradores espirituales, o darnos capacidad para divertirnos espiritualmente, sino con el propósito de capacitarnos para trabajar con más intensidad y luchar con mayor diligencia. Si alguien profesa ser servidor del Señor, y sin embargo es indulgente consigo mismo en el excesivo amor a sí mismo, la pereza y la falta de amor al trabajo, no es sólo negligente, sino también malo (vea Mateo 25:26). Este tipo de siervos es condenado por el Señor. Por tanto, no nos dediquemos a hablar vanamente sobre doctrinas. Miremos más bien a Dios, exterioricemos en nuestra vida su gracia y manifestemos su poder.

Sirve en la novedad del Espíritu

En cuanto a la forma en que esa vida que tenemos dentro de nosotros nos induce a servir con amor y buen ánimo, tengamos en cuenta los tres pasajes siguientes de las Escrituras:

"No que seamos competentes por nosotros mismos para pensar algo como de nosotros mismos, sino que nuestra competencia proviene de Dios, el cual asimismo nos hizo ministros competentes de un nuevo pacto, no de la letra, sino del espíritu; porque la letra mata, mas el espíritu vivifica" (2 Corintios 3:5, 6).

"Pero ahora estamos libres de la ley, por haber muerto para aquella en que estábamos sujetos, de modo que sirvamos bajo el régimen nuevo del Espíritu, y no bajo el régimen viejo de la letra" (Romanos 7:6).

"Pues no es. . . el que lo es exteriormente . . . sino que es . . . el que lo es en lo interior" (Romanos 2:28, 29)

Al leer estos tres pasajes podemos darnos cuenta inmediatamente de la gran diferencia que existe entre el servicio del Nuevo Pacto y el del Antiguo El servicio del Antiguo Pacto es el de la letra, mientras que el del Nuevo es el del espíritu El primero es antiguo; el segundo es nuevo. Uno mata; el otro da vida En otras palabras, el servicio del Antiguo Pacto es realizado de acuerdo a los artículos de la letra y a modo de rutina En cambio, el servicio del Nuevo Pacto es llevado a cabo de acuerdo al espíritu; es decir, que nos movemos, hablamos y oramos según nos dirige el Espíritu que está en nosotros Se puede sacar, por lo tanto, la conclusión de que el servicio del Antiguo Pacto es exterior, mientras que el servicio del Nuevo Pacto es interior. El servicio en la letra del Antiguo Pacto termina por matar la vida, pero el servicio en el espíritu del Nuevo Pacto termina dando vida

Por decirlo con otras palabras, el ministerio en la letra es muerte, mientras que el ministerio en la vida de Cristo es también vida. El primero es antiguo; el segundo es nuevo Uno es de la letra; el otro es del espíritu En pocas palabras, todo lo que se realiza exteriormente, en lo antiguo de la letra, es servicio del Antiguo Pacto Sólo lo hecho interiormente, en la novedad del espíritu, es servicio del Nuevo Pacto Todo lo que viene del exterior — por copia o imitación — no pertenece a ese servicio del Nuevo Pacto que está estrechamente relacionado con Cristo y que es el resultado de la operación de la vida que se halla en nuestro interior. El servicio del Nuevo Pacto es espiritual, nuevo y lleno de revelación porque es "de él [de Dios], y por él, y para él" (Romanos 11:36). La fortaleza en el servicio es de El, la realización del servicio se logra por medio de El, y el resultado del servicio es para El. Eso es servir en espíritu y en vida Así se sirve en el Nuevo Pacto

"No que seamos competentes por nosotros mismos para pensar algo como de nosotros mismos, sino que nuestra competencia proviene de Dios, el cual asimismo nos hizo ministros competentes de un nuevo pacto " (2 Corintios 3:5, 6a). Es Dios el que obró de esa manera en Pablo y en los otros, a fin de hacerlos competentes para ser ministros del Nuevo Pacto.

En otra parte sigue diciendo Pablo: "Del cual yo fui hecho ministro por el don de la gracia de Dios que me ha sido dado *según la operación de su poder*" (Efesios 3:7). Pablo nos dice de la manera más clara que él fue hecho ministro del Evangelio "por el don de la gracia de Dios" Este don no es el de lenguas, visiones, milagros y prodigios, sanidades, o echar fuera demonios (aunque es indudable que Dios usaba a Pablo en todos esos dones: vea 1 Corintios 14:18; Hechos 13:9, 10; 14:8-10; 16:9, 16-18; 18:9); tampoco depende de la facilidad de palabra, o la sabiduría (1 Corintios 2:1). No es un don que baja de repente del cielo, sino que le es dado por Dios "según la operación de su poder". No es un don milagroso, sino un don *de la gracia,* que le es dado según la operacion del poder de Dios en él. Ese don lo capacita para "anunciar entre los gentiles el evangelio de las inescrutables riquezas de Cristo, y aclarar a todos cuál sea la dispensación del misterio escondido desde los siglos en Dios, que creó todas las cosas" (Efesios 3:8, 9) ¡Cuán sublime es este don!

"Cristo sea formado"; "transformados" y "semejantes a él"

A medida que la ley de vida vaya operando libremente en nosotros, la vida irá creciendo hasta que tengamos a Cristo formado en nosotros (Gálatas 4:19) Según la medida en que Cristo se vaya formando gradualmente en nosotros, seremos transformados cada vez más (2 Corintios 3:18) La meta de esa transformación es que seamos semejantes a El (1 Juan 3:2) La formación de Cristo en nosotros es inseparable de la operación de la vida de Dios en nosotros En el mismo grado en que la vida de Dios obra en nosotros, se está formando Cristo en nuestro interior, y ése es también el grado de nuestra transformación Según se vaya llenando nuestro interior de la vida de Cristo, nuestro exterior irá siendo capaz de exteriorizar esa vida y de manifestar a Cristo Esto es lo que significa Romanos 8:29: "Para que fuesen hechos conformes a la imagen de su Hijo " Al mismo tiempo, es la meta que persigue Pablo y la experiencia que está viviendo (vea Filipenses 3:10; 1:20) Este debe ser hoy también el llamado y la experiencia práctica de todos los hijos de Dios Para llegar a ser enteramente como El, por supuesto que deberemos esperar hasta que El se manifieste (vea 1 Juan 3:2) Es decir, tendremos que aguardar al día de "la redención de nuestro cuerpo" (Efesios 1:14; 4:30 y especialmente Romanos 8:23)

"Cristo sea formado"

¿Qué significa que "Cristo sea formado" en nosotros? Hagamos uso de un sencillo ejemplo En el huevo de gallina se encuentra en embrión la vida de un pollo En los primeros días de la incubación, si usted trata de ver ese huevo al trasluz, poniéndolo delante de una lámpara eléctrica, no podrá distinguir forma corporal alguna En cambio, si espera a cuando los días de incubación estén ya casi cumplidos, el pollito que hay dentro estará casi listo para romper el cascarón Si vuelve a examinar el huevo frente a una luz eléctrica, podrá distinguir ahora con claridad la forma de un pollito en su interior Este proceso se podría expresar de la manera siguiente: "El pollito es formado dentro del huevo."

De manera similar podemos decir que la vida de Cristo todavía no está formada en un cristiano recién convertido, pero en un cristiano maduro sí lo está La vida de Cristo es perfecta en sí misma Sin embargo, puesto que se sujeta a nuestras limitaciones, podría no estar totalmente formada en nosotros. Pablo vuelve a "sufrir dolores de parto" por los creyentes de Galacia, "hasta que Cristo sea formado" en ellos (Gálatas 4:19) En esta imagen podemos comprender lo importante que es la formación de Cristo en nuestro interior. Pablo no estaba usando palabras vacías, ni expresando pesar por sí mismo. Volvía a "sufrir dolores de parto" por ellos Esto exige tiempo, amor, intercesión, lágrimas y expectación diaria.

¿Cuántos hijos de Dios tienen hoy en día a Cristo formado en ellos? ¿Cuántos siervos del Señor se preocupan tanto del estado espiritual de los hijos de Dios, que pasan por esos "dolores de parto" espirituales? ¡Es aquí donde tenemos que arrepentirnos, gemir y derramar lágrimas por nuestro propio estado anormal y por nuestra falta de amor para con los hijos de Dios! ¿Cómo es posible que la vida espiritual de algunos de ellos sea tan infantil, anormal e incluso retrasada? ¿Tendremos que hacerlos a ellos totalmente responsables? ¿Cómo podemos vivir tan tranquilamente como si todo estuviera muy bien? ¿Hemos gemido y orado por ellos? ¡Dios mío, perdónanos; ten misericordia de nosotros! Danos más días para que aprendamos y para que adquiramos experiencia. Danos también tiempo para volver a sufrir dolores de parto por aquellos creyentes que quizás sean similares a los de Galacia

"Transformados"

Se nos dice en Romanos 12:1, 2 que, para ser transformados, hace falta primero que presentemos nuestro cuerpo, y luego, que tengamos renovado nuestro entendimiento La presentación de nuestro cuerpo la podemos hacer de inmediato, pero nuestra transformación es un proceso gradual Por el momento centraremos nuestra atención en la relación que existe entre el entendimiento o mente (nous) y la transformación

"Transformaos por medio de la renovación de vuestro entendimiento" (Romanos 12:2), "y renovaos en el espíritu de vuestra mente" (Efesios 4:23) Los dos versículos hablan de la relación que existe entre la renovación del entendimiento (o mente) y la transformación personal. La obra del Espíritu Santo empieza siempre en el centro y se mueve hacia la circunferencia. El espíritu, puesto que tiene una conexión especial con el entendimiento, ha de ser renovado antes de que lo sea éste. Entonces irá cambiando gradualmente nuestra conducta. El "arrepentimiento" es un "cambio de nuestra mente"; es un abrírsenos los ojos En cambio, se produce la "renovación del entendimiento" cuando se nos llenan los ojos de luz Mientras más grande sea la renovación del entendimiento, mayor será nuestra transformación personal Por medio de la luz de vida, Dios va haciendo que nos vayamos conociendo cada día más y nos vayamos negando más, y también que aprendamos más acerca de la realidad de la vida interior. De esta manera nos podemos despojar del hombre viejo a través de nuestra propia experiencia, al mismo tiempo que nos revestimos del hombre nuevo (Hablamos ahora del aspecto subjetivo de la experiencia Existe también un aspecto objetivo de esta verdad, según el cual el cristiano ya se ha despojado del viejo hombre con su corrompida manera de ser para revestirse del nuevo hombre Todas estas cosas son realidades cumplidas en Cristo De acuerdo con el texto griego, el "despojaos" de Efesios 4:22 sería "habiéndoos quitado", y el "vestíos" del versículo 24 sería "habiéndoos vestido" Vea también Colosenses 3:9, 10) Debemos tener presente que la *transformación* no es lo mismo que la *regeneración* Esta última se realiza en forma instantánea, mientras que la primera se realiza en un proceso que requiere cambios diarios y graduales.

¿Cuál es hoy su grado de transformación? ¿En qué estado se encuentra esa transformación? Si es ahora el mismo que cuando comenzó a ser cristiano, lleno aún de autoconmiseración y amor propio, egoísmo, búsqueda del propio interés; de orgullo e ideas acerca de su propia importancia; de dudas y cuidados, entonces es muy de dudar que haya conocido alguna vez la luz de Dios. Si se ha enfriado y endurecido, se ha vuelto más orgulloso y satisfecho consigo mismo, más despreocupado e independiente, todo esto se debe a alguna enfermedad que radica en el corazón o en la mente. Es necesario que se humille y comience a ver cómo están las cosas en su propio corazón Necesita pedirle al Señor que sea misericordioso para con usted; que lo ilumine y le dé fuerzas para desechar todos los pecados y todo el peso del yo que osbtaculizan la obra de la ley de vida.

Esto es lo que nos dice el Espíritu Santo: *"Si oyereis hoy su voz, no endurezcáis vuestros corazones"* (Hebreos 3:7b, 8a). Que el Señor nos sea benévolo y haga que nuestro corazón se haga tierno en su presencia Mientras tanto, creamos con sinceridad las palabras de Filipenses 2:13: "Dios es el que en vosotros produce así el querer como el hacer, por su buena voluntad " Esta es la característica y la gloria del Nuevo Pacto. ¡Alabado sea Dios por ello!

"Transformados" y *"conformes a El"*

En Romanos 8:29 y Filipenses 3:10 y 21 encontramos la misma palabra griega, traducida "conformes a, semejantes a" (Se ha de notar que en el Nuevo Testamento esta palabra es usada tres veces en griego: en Romanos 8:29 y en Filipenses 3:21, en

forma de adjetivo; en Filipenses 3:10, en forma
verbal.) ¿Qué diferencia hay entre "transformados" y
"conformes a, semejantes a"? "Transformados" es
un término que habla de proceso, mientras que la
expresión "conformes a, semejantes a" habla del
producto de ese proceso "Transformados" se refiere
al desarrollo gradual de la vida del Señor en nosotros,
hasta que llegamos a tener la misma forma de nuestro
Señor. "Conformes a, semejantes a" significa que
hemos sido tan transformados, que ya somos iguales
al Señor Ser *de la misma forma* significa sencillamente
que ambos han sido vertidos en el mismo molde. El
que trabaja el cobre vierte el metal líquido en un
molde El cobre toma la forma del molde. El trabajo
del repostero que hace un pastel es similar. Pone en
un molde la masa que ha preparado, y el pastel, al
cocinarse, toma la forma del molde. ¡Hasta ese punto
tenemos que llegar a ser semejantes al Señor! Hasta el
punto de ser "hechos conformes a la imagen de su
Hijo", como lo expresa Pablo en Romanos 8:29. Esto
significa que hemos de ser como el Señor en su
humanidad glorificada Para que el hombre sea transformado realmente de acuerdo al molde dispuesto
por Dios, necesita pasar por una transformación en
cuanto a su calidad interna. Es decir, le hace falta que
la vida de Dios vaya penetrando en su espíritu. Debe
permitir que penetre todo su ser hasta que, mediante
el cambio de naturaleza, llegue a una total transformación en su imagen El Espíritu del Señor obra paso
a paso, "de gloria en gloria" (2 Corintios 3:17, 18).
¡Alabado sea el Señor!

Regresemos ahora al tema del "corazón" "Por
tanto, nosotros todos, mirando a cara descubierta
como en un espejo la gloria del Señor, somos transformados de gloria en gloria en la misma imagen,
como por el Espíritu del Señor" (2 Corintios 3:18) He

aquí la metáfora del espejo Sabemos que el espejo sólo puede reflejar lo que tiene enfrente; es decir, que refleja el objeto que está directamente delante de él. De igual manera, nosotros reflejamos a Cristo en la misma medida que lo vemos a diario en nuestra vida. La expresión "a cara descubierta" indica simplemente que en nuestra cara no hay ningún velo que nos pueda impedir ver a Cristo de manera completa. Sin embargo, si sucede lo contrario, que *hay* algún velo en nuestra cara, dejamos de ver a Cristo, o lo vemos sólo parcialmente Una cuidadosa lectura de 2 Corintios 3:12-16 nos permitirá ver que el velo es producido por un corazón que no tiene anhelo por el Señor.

En los días antiguos, "el rostro de Moisés era resplandeciente" después que Dios hablaba con él. Los hijos de Israel tenían miedo del resplandor que había en el rostro de Moisés y no se atrevían a acercarse a él. Por esta razón, cada vez que iba delante de Dios, se quitaba el velo, pero cuando salía a la presencia del pueblo, se lo volvía a poner (vea Exodo 34:29-35). Así pues, el velo que usaba Moisés en el rostro ponía al descubierto la realidad de que el corazón de los hijos de Israel estaba lejos de Dios. Este principio ha regido a los hijos de Israel desde entonces: "Y aun hasta el día de hoy, cuando se lee a Moisés, el velo está puesto sobre el corazón de ellos" (2 Corintios 3:15) Tienen miedo de la luz; no la quieren. Por eso no pueden entender el Antiguo Testamento que leen

No obstante, el versículo 16 dice claramente que *"cuando se conviertan [vuelvan el corazón] al Señor, el velo se quitará"* Aquí está la clave para ver claramente al Señor o no verlo Si nuestro corazón está vuelto hacia otras cosas, lo natural es que quede cubierto como por un velo Viviremos como si ese corazón estuviera bajo una luz mortecina, y sólo reflejaremos a un

Cristo incompleto El problema está en el espejo; es decir, en el corazón Por consiguiente, cada vez que parezca haber una separación o un velo entre nosotros y el Señor, es necesario que una vez más nuestro corazón "se vuelva al Señor" Tan pronto como lo haga, veremos claramente, y el reflejo de El que produciremos será igualmente claro

"Semejantes a El"

Ya hemos dicho que la meta de nuestra transformación es llegar a ser "semejantes a El" Seremos completamente semejantes a El cuando llegue el tiempo de su manifestación Entonces vendrá "la redención de nuestro cuerpo" (Romanos 8:23) En vista de eso, tenemos que mencionar también algo acerca de la redención del cuerpo En la caída de Adán, el espíritu del hombre es el que muere primero Entonces queda bajo el control del alma y se vuelve carnal Finalmente, su cuerpo muere también (vea Génesis 5:5 y Romanos 8:10, 11) La muerte pasa del espíritu al alma En el momento de la regeneración, primero es vivificado el espíritu humano; después el Espíritu Santo hace morir las obras de la carne mediante la obra de la cruz (vea Romanos 8:13 y Colosenses 3:5) El Espíritu Santo hace que nos neguemos a nosotros mismos cada día (Lucas 9:23) Gracias a la operación de la vida interior, nuestra transformación se va haciendo mayor cada día, tanto en características personales como en imagen Así es como seremos semejantes al Hijo de Dios Entonces un día, "cuando él se manifieste, seremos semejantes a él, porque le veremos tal como él es" (1 Juan 3:2) Este es el día que Pablo aguarda, el día de "la redención de nuestro cuerpo" (Romanos 8:23) Lo confirma también la declaración de que el Señor Jesucristo "transformará el cuerpo de la humillación nuestra, para que sea semejante al cuerpo de la gloria suya, por el poder con el cual puede también sujetar a sí mismo todas las cosas" (Filipenses 3:21)

Estos versículos nos permiten comprender que la salvación de Dios comienza con la vida que recibe el espíritu para terminar con la redención del cuerpo El "viviréis" de Romanos 8:13 se refiere a nuestro vivir diario en el cuerpo. Las Escrituras nos dicen que tanto la "resurrección" como la "transformación" son un misterio (1 Corintios 15:51, 52) "La redención de nuestro cuerpo" (Romanos 8:23) consiste en hacernos "semejantes al cuerpo de la gloria suya" (Filipenses 3:21). ¡Ciertamente, esto es glorioso más allá de toda medida! El apóstol Juan tenía fe en que un día se realizaría De ahí que proclamara: "Cuando él se manifieste, seremos *semejantes a él*, porque le veremos tal como él es" (1 Juan 3:2) ¡Esta es la característica y la gloria del Nuevo Pacto! Por lo tanto, no permita que su fe se convierta en algo nebuloso y carente de entusiasmo.

"Se purifica a sí mismo"

Aunque "la redención de nuestro cuerpo" es una gracia de Dios, el apóstol Juan, después de afirmar que "seremos semejantes a él", continúa: "Y todo aquel que tiene esta esperanza en él, se purifica a sí mismo, así como él es puro" (1 Juan 3:3). ¿A qué se refiere esta esperanza? Se refiere al "semejantes a él" del versículo precedente. ¿Qué significa "se purifica a sí mismo"? Hay una diferencia entre purificar y limpiar. Limpiar significa quitar la suciedad, mientras que purificar no significa solamente eso, sino también quitar cualquier impureza, cualquier cosa extraña que se haya mezclado. ¿Cómo nos purificamos a nosotros mismos? Mediante la luz de la vida (Juan 1:4). La iluminación interior nos da a conocer nuestro verdadero estado (Salmo 36:9), con lo que nos capacita para deshacernos de todo aquello que desagrada a Dios Dios nos ha hecho "participantes de la naturaleza divina", de acuerdo con la sensación interior que esa naturaleza de la vida de Dios produce en nosotros, para que podamos lidiar con los pecados, con nuestro yo y con todo lo que esté fuera de la voluntad de Dios. Esto es lo que se llama "purificarnos a nosotros mismos". Ahora bien, hay una purificación más profunda aún, acerca de la cual un hijo de Dios que había recibido gran instrucción de El, escribía:

> Hay un peligro espiritual para aquellos que han tenido la experiencia de victoria, para los creyentes cuyas obras son eficaces, y para aquellos que tienen dones espirituales y llevan una vida recta. . Hay una purificación más profunda que procede de la revelación de Dios. Es la que nos indica que no debemos retener como nuestras ni siquiera aquellas cosas que proceden de la vida de resurrección de Cristo, porque la vida crece mediante la función llamada metabolismo. . De hecho, todas las cosas que provienen realmente de la vida de resurrección no pasarán nunca, porque son eternamente nuevas No obstante, hemos de mantenerlas en el frescor del Espíritu Santo, y no limitarnos a memorizarlas en la mente Las cosas que provienen de la vida de resurrección, no sólo no pasarán, sino que quedarán también eternamente grabadas en la persona, unidas a ella y convertidas en parte de su vida. Siempre que se las usa en el Espíritu Santo, permanecen frescas y vivas, exactamente iguales a cuando fueron vistas por primera vez

Quizá no podamos comprender de primera intención estas palabras Sin embargo, notamos una reacción positiva de disponibilidad en nuestro interior. ¿Tiene usted esa esperanza en El? Si es así, recuerde las palabras del apóstol Juan: "Todo aquel que tiene esta esperanza en él, se purifica a sí mismo." Es necesario que se levante y comience a andar de acuerdo a la iluminación del Espíritu Santo.

Dios es Dios en la ley de la vida

La vida de Dios obra continuamente en nosotros para conducirnos hacia un inmenso objetivo: "Y seré a ellos por Dios, y ellos me serán a mí por pueblo" (Hebreos 8:10c) Estas palabras revelan lo que Dios tiene en su corazón: descubren sus propósitos, de eternidad a eternidad. Dios va a ser nuestro Dios en la ley de la vida, y nosotros de igual manera seremos su pueblo, también en la ley de la vida. Esta realidad es grandiosa. Veamos su significado a través de diversos pasajes de la Palabra de Dios.

Los propósitos eternos de Dios

¿Qué trata de hacer Dios en el universo? En Génesis 2 vemos que, después de crear al hombre, sólo le dejó entrever que tendría que ejercer su libre albedrío para escoger la vida de El. Este pasaje no aclara abiertamente lo que Dios deseaba obtener del universo. En otro pasaje, en Génesis 3, nos enteramos de que el hombre cayó en pecado. Sin embargo, este pasaje no descubre qué era lo que el diablo quería robar Todo esto quedó velado hasta el día en que Dios, al proclamar los Diez Mandamientos después de sacar a los hijos de Israel de Egipto y conducirlos al monte Sinaí, empezó a revelar lo que deseaba su corazón. Hasta el día en que el Señor Jesús fue tentado en el desierto, no se descubrió totalmente lo que el enemigo quería alcanzar con su robo. Tampoco reveló el Señor Jesús por completo los planes de la mente divina hasta el día en que les enseñó a orar a sus discípulos Veamos más de cerca estas revelaciones

El primero de los Diez Mandamientos es: "No tendrás dioses ajenos delante de mí " El segundo es: "No te harás imagen, ni ninguna semejanza de lo que esté arriba en el cielo, ni abajo en la tierra, ni en las aguas debajo de la tierra No te inclinarás a ellas, ni las honrarás; *porque yo soy Jehová tu Dios celoso* ." El tercero es: "No tomarás el nombre de Jehová tu Dios en vano " El cuarto ordena: "Acuérdate del día de reposo para santificarlo" (Exodo 20:3-8). Esos cuatro mandamientos revelan los deseos del corazón de Dios Exponen las exigencias formales que Dios les hace a los hombres Detallan el propósito de su redención y de su creación. No expresan otra cosa sino que *Dios desea ser Dios* Dios es Dios, y El quiere ser Dios entre los hombres

Hay también una gran revelación en el Nuevo Testamento Tuvo lugar cuando el Señor Jesús fue tentado en el desierto Es lo opuesto a lo que fue la revelación de Dios en el monte Sinaí. Nos narran Ezequiel e Isaías que un querubín creado por Dios fue juzgado debido a su deseo de exaltarse para ser igual a El, y como consecuencia, se rebeló contra El para convertirse en el diablo (vea Ezequiel 28:12-19; Isaías 14:12-15) Sin embargo, nunca había manifestado el diablo tan abiertamente su ambición de robarle su lugar a Dios, como en la ocasión que se nos narra en los evangelios La suprema demanda del diablo al tentar a Jesús, fue ésta: "Si postrado me adorares " Sin consideración alguna, el Señor lo reprendió duramente, diciéndole: "¡Vete, Satanás!" Después, declaró con solemnidad: "Al Señor tu Dios adorarás, y a él solo servirás" (Mateo 4:9, 10) *¡Sólo Dios es Dios!*

La oración que el Señor les enseñó a sus discípulos, según la presenta el Nuevo Testamento, es también una gran revelación También nos descubre los deseos del corazón divino: *Dios quiere ser Dios* "Vosotros, pues, oraréis así: Padre nuestro que estás en los cielos, santificado sea tu nombre" (Mateo 6:9). Sólo Dios puede usar su nombre en el cielo. En cambio, en la tierra hay gente que usa el nombre divino en vano Dios parece esconderse, como si no existiera. Pero un día el Señor les enseñó a sus discípulos a orar diciendo: "Padre nuestro que estás en los cielos, santificado sea tu nombre." El nos enseña a orar de esta manera, para que así podamos declarar que El es Dios; sólo El y nadie más. Debemos proclamar como el salmista de la antigüedad: "Gloriaos en su santo nombre" (Salmo 105:3a). También hemos de declarar: "¡Oh Jehová, Señor nuestro, cuán glorioso es tu nombre en toda la tierra!" (Salmo 8:1a). Dios nuestro, "de la boca de los niños y de los que maman perfeccionaste la alabanza" (Mateo 21:16b)

Dios quiere habitar entre los hijos de Israel para ser su Dios

¡Dios es Dios! Sin embargo, lo maravilloso es que El se deleita en habitar entre los hombres. Cuando le mandó a Moisés que le hiciera un santuario, le dijo con toda claridad cuál era la razón: "Habitaré en medio de ellos" (Exodo 25:8). Más adelante dice: "Y habitaré entre los hijos de Israel, y seré su Dios. Y conocerán que yo soy Jehová su Dios, que los saqué de la tierra de Egipto, para habitar en medio de ellos. Yo Jehová su Dios" (Exodo 29:45, 46) Le indicó a Moisés que les dijera a los hijos de Israel: "Yo Jehová vuestro Dios, que os saqué de la tierra de Egipto, para daros la tierra de Canaán, para ser vuestro Dios" (Levítico 25:38) Más adelante revelaría más aún cuál era el deseo de su corazón: "Andaré entre vosotros, y yo seré vuestro Dios, y vosotros seréis mi pueblo"

(Levítico 26:12) ¡Dios es Dios! ¡Qué grandioso es todo esto! No obstante, ¡El viene a habitar entre los hombres para ser su Dios!

El Verbo fue hecho carne y habitó entre los hombres para dar a conocer a Dios

"Aquel Verbo fue hecho carne, y habitó entre nosotros" (Juan 1:14a) "Lo que era desde el principio" — el Verbo de vida — se había convertido en "lo que hemos oído, lo que hemos visto con nuestros ojos, lo que hemos contemplado, y palparon nuestras manos" (1 Juan 1:1) "A Dios nadie le vio jamás"; con todo, "el unigénito Hijo, que está en el seno del Padre, él le ha dado a conocer" (Juan 1:18) El es "Emanuel, que traducido es: Dios con nosotros" (Mateo 1:23b)

Dios habita en la Iglesia para ser Dios

Cuando se inicia la Iglesia, edificada "como casa espiritual" (1 Pedro 2:5), se convierte en "morada de Dios en el Espíritu" (Efesios 2:22) Esto es realmente misterioso en extremo y sobremanera glorioso Cuando el Verbo fue hecho carne, y habitó entre los hombres, se encontraba restringido por el tiempo y por el espacio En cambio, cuando Dios viene en el Espíritu a morar en la Iglesia, ni el tiempo ni el espacio pueden restringir su presencia en ella. ¡Aleluya!

Dios será Dios de la casa de Israel durante la era del Reino

A pesar de que los hijos de Israel abandonaron a Dios en la época del Antiguo Testamento, El establecerá un nuevo pacto con ellos en el futuro. Después de esos días, pondrá sus leyes en su mente y las escribirá sobre su corazón, para poder ser su Dios (Hebreos 8:10)

*Dios habitará entre los hombres como Dios
en la eternidad futura*

Llegará un día en el cual "el tabernáculo de Dios (estará) con los hombres, y él morará con ellos; y ellos serán su pueblo, y Dios mismo estará con ellos como su Dios" (Apocalipsis 21:3). ¡En realidad, esto es demasiado bueno! Y "enjugará Dios toda lágrima de los ojos de ellos; y ya no habrá muerte, ni habrá más llanto, ni clamor, ni dolor; porque las primeras cosas pasaron" (Apocalipsis 21:4). ¡Dios y los hombres, los hombres y Dios, para no separarse jamás! ¡Aleluya!

Dios como Padre y Dios como Dios

En el día de su resurrección, el Señor Jesús le dijo a María Magdalena: "Vé a mis hermanos, y diles: Subo a mi Padre y a vuestro Padre, a mi Dios y a vuestro Dios" (Juan 20:17b) Esto nos dice que tenemos en El al mismo tiempo un Dios y un Padre. ¿Cuál es, pues, la diferencia entre Dios como Padre y Dios como Dios? La Biblia nos muestra que Dios como Padre mantiene una relación individual con cada uno de nosotros En cambio, Dios como Dios mantiene una relación general con el universo entero. Cuando habla de El como Dios, está señalando cuál es su posición: la de Señor de la creación.

Cuando sabemos que Dios es nuestro Padre, nos lanzamos confiadamente en su seno. En cambio, cuando lo conocemos como Dios, nos postramos en tierra para adorarlo. Somos hijos de Dios, vivimos en su amor y disfrutamos alegremente de todo lo que El nos ha otorgado. Al mismo tiempo somos su pueblo, firmes en nuestro lugar de seres humanos que lo adoran y alaban Cuando lo conocemos como Dios, es cuando adoramos "a Jehová en la hermosura de la santidad" (Salmo 29:2b) Esto es lo que canta el salmista: "Adoraré hacia tu santo templo en tu temor" (Salmo 5:7b) El que llega a conocer a Dios como Dios, ¿cómo se atreverá a no temerlo en todas las cosas? No se atreverá a ser descuidado en cuanto a su manera de vestirse, ni en cuanto a su conducta Todo el que da lugar al pecado y es descuidado, flojo, presuntuoso o arrogante, es porque no conoce a Dios como Dios.

Debemos comprender que "no hay cosa creada que no sea manifiesta en su presencia; antes bien, todas las cosas están desnudas y abiertas a los ojos de aquel a quien tenemos que dar cuenta" (Hebreos 4:13). Por lo tanto, dice Pablo, "no participéis en las obras infructuosas de las tinieblas, sino más bien reprendedlas; porque vergonzoso es aun hablar de lo que ellos hacen en secreto" (Efesios 5:11, 12) Debemos temer que cuanto hagamos en la oscuridad estará totalmente expuesto a los ojos de Dios, para vergüenza nuestra "Conociendo, pues, el temor del Señor", afirma también Pablo, "persuadimos a los hombres" (2 Corintios 5:11) ¡Cómo vamos a atrevernos a no temerlo! Quisiéramos persuadir a los hombres de que, si realmente se han arrepentido y son salvos, deben saber que "nuestro Dios es fuego consumidor" (Hebreos 12:29) ¿Acaso estamos interpretando erróneamente el hecho de que se oculte temporalmente, y pensamos que es como si se hubiera quedado dormido? ¿Podemos despreciar su gran paciencia al esperar que nos arrepintamos? "Dios no puede ser burlado" (Gálatas 6:7) Debemos temer a Dios

Todos los que conocen a Dios como Dios, aprenden al mismo tiempo a ser hombres En la caída fuimos tentados a ser dioses, pero en la liberación estamos dispuestos a ser humanos El principio del huerto del Edén es siempre que, comiendo del fruto del árbol de la ciencia del bien y del mal, "seréis como Dios"

(Génesis 3:5) En cambio, el principio del Calvario es restaurarnos a la posición de hombres. Por esta razón, es seguro que tomaremos el lugar que nos corresponde como hombres, si conocemos a Dios como Dios

El propósito del nacimiento del Señor en el hogar de un carpintero fue ser hombre (Mateo 13:55). Su propósito al recibir el bautismo de Juan fue igualmente ser hombre (Mateo 3:13-17) Tres veces resistió la tentación del diablo, también con el propósito de ser hombre (Mateo 4:1-10) El hecho de que el Señor "mismo padeció siendo tentado" (Hebreos 2:18a), muestra que El es hombre Cuando se burlaban de El los hombres, se negó a bajar de la cruz porque había tomado el lugar del hombre (Mateo 27:42-44). Si todo esto es cierto acerca del Señor, ¡cuánta mayor es nuestra necesidad de ser hombres!

Los veinticuatro ancianos (Apocalipsis 4:4) son los ancianos de todo el universo (porque los veinticuatro ya se han sentado en los tronos y llevan en la cabeza una corona de oro; más aún, el número veinticuatro no es el número bíblico de la Iglesia; por lo que deben ser los ancianos del universo, representación de los seres angélicos que Dios creó para que sean los ancianos del universo). Puesto que conocen a Dios como el Dios de la creación, lo adoran diciendo: "Señor, digno eres de recibir la gloria y la honra y el poder; porque tú creaste todas las cosas, y por tu voluntad existen y fueron creadas" (Apocalipsis 4:11). Hasta el día de la cena de las bodas del Cordero, se les seguirá viendo postrados en adoración a Dios, que está sentado en su trono (Apocalipsis 19:4).

El ángel que vuela en medio del cielo y que tiene el Evangelio eterno para predicarlo a los moradores de la tierra, dice a gran voz: "Temed a Dios, y dadle gloria . Adorad a aquel que hizo el cielo y la tierra, el mar y las fuentes de las aguas" (Apocalipsis 14:6, 7) Esto nos enseña que todos cuantos conocen a Dios como Dios, tienen necesidad de adorarlo Cuando conocemos a Dios como el Señor de la creación, nos sentimos llevados a adorarlo

Todos los que conocen a Dios como Dios se dan el lugar de siervos que les corresponde, y lo adoran (Apocalipsis 22:9) El que "se sienta en el templo de Dios como Dios, haciéndose pasar por Dios" tendrá que ser el enemigo del Señor (2 Tesalonicenses 2:4) El que hace grandes señales con el fin de engañar a los que moran en la tierra para que adoren a la bestia, tiene que ser el falso Cristo (Apocalipsis 13:14, 15; Mateo 24:23, 24) En cambio, todos los que conocen a Dios como Dios, lo adoran Esto es lo que le da gloria

Dios es Dios en la ley de vida

Cuando Dios pone sus leyes en nuestra mente y las escribe sobre nuestro corazón, se convierte en nuestro Dios en la ley de vida, y nosotros nos convertimos en su pueblo La segunda mitad de Hebreos 8:10 se encuentra muy estrechamente relacionada con la primera No nos dice que Dios será nuestro Dios que estará en su trono En cambio, nos asegura que Dios será nuestro Dios, y nosotros su pueblo, en la ley de la vida. Las relaciones de nosotros con Dios y de Dios con nosotros, se rigen por ese compañerismo en la vida No podemos tener contacto con Dios si no vivimos de acuerdo a la ley de la vida Sólo cuando vivimos en la ley de la vida podemos ser pueblo de Dios, y Dios puede ser nuestro Dios Para acercarnos a El, servirlo y adorarlo, necesitamos estar dentro de la ley de vida

¿Por qué Dios tiene que ser nuestro Dios en la ley de vida, y precisamente en esa misma ley es en la que nosotros podemos ser su pueblo? Para explicar esto, será necesario que volvamos a la creación y la regeneración del hombre

Sabemos que Dios es Espíritu. De ahí que todo aquel que desee establecer una relación estrecha con El necesite tener un espíritu En su creación, el hombre (Adán) recibió un elemento de su ser que es semejante a Dios: su espíritu Tenía espíritu. En su caída, Adán perdió la vida de Dios, y su espíritu quedó muerto en cuanto a su relación con Dios. En cambio, en la redención que Dios nos proporciona, y en el mismo momento en que el hombre se arrepiente y cree, además de que su espíritu revive, también recibe dentro de sí la vida increada de Dios. El habita en nosotros mediante el Espíritu Santo; entra en nuestro interior, y en consecuencia, quedamos en la capacidad de adorarlo "en espíritu y en verdad". Son sumamente claras las palabras de Juan 4:24: "Dios es Espíritu; y los que le adoran, en espíritu y en verdad es necesario que adoren." Esta declaración insiste en que la adoración verdadera sólo les es posible a quienes tengan en sí un elemento semejante a Dios. Es necesario que la adoración sea realizada en el espíritu, porque solamente la adoración hecha en el espíritu es verdadera adoración. No se puede hacer en la mente, en las emociones ni en la voluntad, sino "en espíritu y en verdad" "Los verdaderos adoradores adorarán al Padre en espíritu y en verdad; porque también el Padre tales adoradores busca que le adoren" (Juan 4:23) Esto tiene mucho significado Al relacionar este versículo con el siguiente, podremos ver que, para adorar a Dios, nos hace falta saber cómo hay que adorar al Padre Si alguien no ha tenido con Dios una relación vital de hijo a padre, no tiene vida en él. Su espíritu está muerto, y no puede adorar a Dios. En la regeneración, su espíritu es vivificado y se convierte en hijo de Dios, y por tanto, adquiere la capacidad necesaria para comunicarse con El. Este es el tipo de personas que el Padre busca para que lo adoren. Antes de convertirnos en pueblo suyo, tenemos que comenzar por ser sus hijos. Por eso afirmamos que, en la ley de vida, Dios será nuestro Dios. También nosotros, en esa misma ley, seremos su pueblo.

"Quien se dio a sí mismo por nosotros para redimirnos de toda iniquidad y purificar para sí un pueblo propio, celoso de buenas obras" (Tito 2:14). Ser pueblo peculiar de Dios es ser posesión suya (Efesios 1:14). Llegamos a ser su pueblo peculiar porque El es nuestro Dios en la ley de la vida, y porque en esa misma ley nosotros somos pueblo suyo.

"El que venciere. . . yo seré su Dios, y él será mi hijo" (Apocalipsis 21:7) En la eternidad, en lo relacionado con las relaciones vitales, es decir, con mis relaciones personales, "él será mi hijo". En cuanto a la posición de Dios, es decir, la relación basada en el conocimiento que tengamos de El, "yo seré su Dios". ¡Cuán glorioso es todo esto!

Para terminar, tengamos presentes las palabras dirigidas al apóstol Juan: "Adora a Dios" (Apocalipsis 22:9c)

8

Características
del Nuevo Pacto:
(3) El conocimiento interior

Hasta aquí hemos hablado de dos características esenciales del Nuevo Pacto. Dios perdona nuestras iniquidades y ya no se acuerda más de nuestros pecados. Esta es la gracia que nos otorga en El Nuevo Pacto. Sin embargo, es sólo un proceso por medio del cual se han de realizar sus planes eternos. Tampoco hay duda alguna de que Dios será nuestro Dios y nosotros seremos su pueblo, todo esto de acuerdo a la ley de vida.

Aun así, el Nuevo Pacto no termina en este punto. La palabra de Dios declara a continuación que "ninguno enseñará a su prójimo, ni ninguno a su hermano, diciendo: Conoce al Señor; porque todos me conocerán, desde el menor hasta el mayor de ellos" (Hebreos 8:11). Esto nos habla de un conocimiento más profundo de Dios; de conocerlo a El mismo Por medio de su Espíritu Santo, Dios hará que su pueblo redimido llegue a la cumbre espiritual que es conocerlo a El en persona. Poner sus leyes en nuestra mente y escribirlas sobre nuestro corazón, no es otra cosa que el *procedimiento* utilizado por Dios para llegar a *una meta más profunda,* la de conocerlo a El en persona Es cierto que tener intimidad con Dios es un fin en sí mismo Ahora bien, esa intimidad es a la vez *el medio* de que se vale Dios para llegar a *otro fin más profundo aún:* al pleno conocimiento de El Es necesario que sepamos con toda certeza que su propósito es incorporarse a nosotros, de tal manera que lleguemos a ser uno con El en esta vida El logro de esta característica del Nuevo Pacto depende del grado en que se cumpla en nosotros el propósito de conocer a Dios mismo en la ley de vida

"Mi pueblo fue destruido, porque le faltó conocimiento" (Oseas 4:6a) La falta de conocimiento de que se habla aquí es la falta de conocimiento acerca de Dios La causa mayor de la apostasía y de la destrucción de Israel estuvo en que no conoció al Señor Gracias a El, la característica del Nuevo Pacto es que todos los que tienen vida eterna lo conocen personalmente (Juan 17:3) Hoy en día, la vida eterna es una especie de capacidad que nos permite conocer a Dios. El nos revelará su voluntad y nos guiará en la ley de vida, capacitándonos para adorarlo, servirlo y tener comunión con El De esta manera iremos creciendo paso a paso en un conocimiento cada vez mayor de El. Veamos ahora cómo en esta ley de vida no hay necesidad de que nadie les enseñe a los demás cómo conocer a Dios.

La enseñanza que se recibe con la Unción

Leamos otra vez Hebreos 8:11: "Ninguno enseñará a su prójimo, ni ninguno a su hermano, diciendo: Conoce al Señor; porque todos me conocerán, desde el menor hasta el mayor de ellos " (La forma griega traducida "ninguno" es enfática, por lo que po-

dríamos traducir mejor la idea si dijéramos "absolutamente ninguno") La afirmación de este texto coincide con las palabras de 1 Juan 2:27: "Pero la unción
que vosotros recibisteis de él permanece en vosotros,
y *no tenéis necesidad* de que nadie os enseñe; así como
la unción misma os enseña todas las cosas, y es verdadera,
y no es mentira, según ella os ha enseñado, permaneced en él "

    ¿Por qué quien tiene la vida de Dios no necesita que
nadie le enseñe? Porque la unción del Señor permanece en él y le enseña todas las cosas. Esto es algo
sumamente práctico. Cuando Dios dice "no tenéis
necesidad", ¡es exactamente eso lo que quiere decir!
La unción del Señor permanece siempre en nosotros.
A veces sus gracias son tan inmensas, que nos
parecen increíbles. De ahí que la Palabra de Dios siga
diciendo: "Y es verdadera, y no es mentira." Nunca
dude de la Palabra de Dios a causa de la anormalidad
de su propia situación espiritual Lo que nuestro Dios
ha dicho es exactamente lo que va a llevar a cabo.
Debemos creer su Palabra. Entonces lo alabaremos y
le daremos gracias

    ¿Cuál es la enseñanza de la Unción? Para compren-
derla, recordemos las tres funciones principales del
espíritu humano: intuición, comunión y conciencia.

El espíritu tiene la función de comunión

Sabemos que tan pronto como somos regenerados,
nuestro espíritu queda vivificado Este es el primer
paso hacia la comunión entre Dios y el hombre. El
Espíritu Santo viene a morar dentro de nosotros.
Puesto que Dios es Espíritu, se le debe adorar en
espíritu y en verdad Por este motivo, el Espíritu
Santo conduce a nuestro espíritu humano a la adoración a Dios y la intimidad con El Esta es la función de
comunión del espíritu humano.

El espíritu tiene la función de conciencia

En la regeneración, nuestra conciencia resucita también La sangre del Señor Jesús la lava para dejarla limpia y sensible El Espíritu Santo testifica en nuestra conciencia con respecto a nuestra conducta: "El Espíritu mismo da testimonio a nuestro espíritu" (Romanos 8:16); "Mi conciencia me da testimonio en el Espíritu Santo" (Romanos 9:1); "Yo, como presente en espíritu, ya. . . he juzgado" (1 Corintios 5:3); "El testimonio de nuestra conciencia" (2 Corintios 1:12) Todos estos pasajes hablan de la función de conciencia que tiene nuestro espíritu. Si hacemos algo incorrecto, el Espíritu Santo nos lo reprobará en nuestra conciencia. Observemos que todo aquello que la conciencia condene, sin duda alguna ha sido condenado por Dios Por consiguiente, si nuestra conciencia nos declara que determinada cosa es mala, tiene que ser mala. Debemos arrepentirnos de ella y confesarla para que la sangre preciosa del Señor nos limpie de ella (1 Juan 1:9, 7) Sólo podemos servir a Dios sin temor cuando tenemos una conciencia pura y transparente.

El espíritu tiene la función de intuición

Al igual que el cuerpo humano tiene sus sentidos, el espíritu humano tiene sus sentidos también Esos sentidos del espíritu humano se encuentran en los resquicios más profundos del ser humano Presentaremos algunos ejemplos sacados de las Escrituras: "El espíritu . . está dispuesto" (Mateo 26:41); "Conociendo. que cavilaban de esta manera dentro de sí mismos" (Marcos 2:8); "Y gimiendo en su espíritu" (Marcos 8:12); "Se estremeció en espíritu" (Juan 11:33); "Se enardecía" (Hechos 17:16); "Fervoroso" (Hechos 18:25); "Se propuso" (Hechos 19:21); "Ligado" (Hechos 20:22); "Confortaron" (1 Corintios

16:18); "Mucho más nos gozamos" (2 Corintios 7:13)
Todas estas cosas forman parte de la función del
espíritu llamada intuición (Se puede decir que las
sensaciones del espíritu son tan numerosas como las
del alma. Esto señala lo necesario que es discernir
entre lo que es del espíritu y lo que es del alma. La
profunda obra que realizan la cruz y el Espíritu Santo
es la única que nos permite llegar a realizar esta
importante distinción.)

Le llamamos "intuición del espíritu" a esta sensación porque proviene directamente del espíritu. Las
sensaciones humanas comunes son inducidas por las
personas, las cosas o los acontecimientos. Si la causa
es gozosa, nos gozamos; si es triste, nos entristece-
mos. Estos sentimientos son originados en alguna
causa, y por tanto, no se pueden considerar "intuicio-
nes". Lo que entendemos por intuición, son aquellas
sensaciones que no pueden ser atribuidas a causas
externas, sino que vienen directamente de nuestro
interior

Por ejemplo, es posible que estemos pensando
hacer cierta cosa Nos parece completamente razonable Nos gusta y decidimos seguir adelante con ella.
En alguna forma, sin embargo, dentro de nosotros
persiste una sensación indefinible y opresiva que
parece oponerse a lo que nuestra mente ha pensado,
a lo que nuestras emociones han abrazado y a lo que
nuestra voluntad ha decidido Parece decirnos que no
debemos hacerlo Esta es la prohibición o *el freno de la
intuición*

Tomemos el ejemplo contrario Es posible que algo
no parezca razonable Quizá sea contrario a nuestros
gustos, y puede que esté muy en contra de nuestra
voluntad. Sin embargo, por una razón desconocida,
sentimos dentro de nosotros una especie de impulso,
de urgencia que nos lleva a hacerlo. Si obedecemos

ese impulso, nos sentimos bien en nuestro interior
Este es el *apremio de la intuición*

La Unción está en la intuición del espíritu

La Unción se vale de la intuición del espíritu para
enseñarnos Juan afirma: "Pero la unción que vosotros recibisteis de él permanece en vosotros, y no
tenéis necesidad de que nadie os enseñe; así como la
unción misma os enseña todas las cosas, y es verdadera, y no es mentira, según ella os ha enseñado,
permaneced en él" (1 Juan 2:27) Este pasaje nos
describe de una manera muy clara la forma en que la
Unción nos va enseñando El Espíritu Santo habita en
nuestro espíritu, y la Unción está en la intuición del
espíritu. La Unción nos enseña con respecto a todas
las cosas. Esto quiere decir que el Espíritu Santo nos
enseña en la intuición del espíritu, dándole a nuestro
espíritu una sensación similar a la sensación física que
se experimenta cuando el cuerpo es ungido con
aceite Tan pronto como nuestro espíritu recibe esa
sensación, nos damos cuenta de que es el Espíritu
Santo quien nos está hablando

Este es el momento de apreciar la diferencia que
hay entre "conocer" y "comprender" El conocimiento está en el espíritu, mientras que la comprensión
está en la mente Llegamos a conocer las cosas a
través de la intuición del espíritu. Nuestra mente
queda entonces iluminada para comprender lo que la
intuición ha llegado a conocer En la intuición del
espíritu conocemos la persuasión del Espíritu Santo;
en la mente del alma comprendemos la guía del
Espíritu Santo

La obra de la Unción es independiente de cualquier
ayuda humana Expresa su idea en forma soberana
Opera en el espíritu, haciendo que la intuición del
espíritu humano conozca su pensamiento En la

Biblia, ese conocimiento recibido en la intuición del Espíritu se llama revelación Esta no es otra cosa que la manifestación hecha por el Espíritu Santo a nuestro espíritu, acerca del verdadero carácter de una cosa determinada, para que la podamos conocer con claridad El conocimiento de esta naturaleza es mucho más profundo que la comprensión que se logra a través de la mente

Puesto que la unción del Señor permanece en nosotros y nos enseña todas las cosas, no tenemos necesidad de que nadie nos enseñe La Unción nos enseñará todas las cosas mediante la operación de la intuición El Espíritu Santo expresará su pensamiento a través de la intuición de nuestro espíritu, porque esta intuición tiene capacidad para llegar a conocer lo que el Espíritu Santo expresa mediante su acción. Lo único que nos hace falta, por lo tanto, es seguir el dictado de la intuición — y no inquirir de otros, ni siquiera de nosotros mismos — si deseamos hacer la voluntad de Dios

[No obstante, el autor reconoce que la instrucción exterior tiene su lugar como complemento de la enseñanza interna, aunque nunca como sustituto de ella, y que también es necesario confrontar la unción interior con la guía segura que es la Palabra de Dios Estas dos aclaraciones las señalará más adelante en este mismo capítulo Nota del traductor al idioma inglés]

La unción del Señor nos enseñará lo que necesitamos saber con respecto a todas las cosas Nunca, ninguna vez dejará de enseñarnos lo concerniente a alguna cosa determinada Nuestra responsabilidad no es otra que dejarnos enseñar

Unas cuantas narraciones
Presentemos ahora algunas ilustraciones prácticas

Cierta vez un hermano contó la historia siguiente: Había un hermano que antes de convertirse solía beber mucho. Tenía un amigo que también bebía en exceso. Sucedió que los dos se hicieron cristianos. Un día el más joven invitó al de más edad a comer. En la mesa había vino. Al verlo, el amigo de más edad preguntó:

— Somos salvos, así que no debemos beber, ¿verdad?

El más joven replicó:

— No importa que bebamos un poco Es como el vino que bebía Timoteo. Eso está permitido en la Biblia.

Más tarde le preguntaron a un predicador:

— ¿Está bien que una persona salva beba vino como el de Timoteo?

— Yo he servido al Señor durante más de diez años — dijo el predicador —, pero nunca he oído hablar de ese "vino de Timoteo".

Algunos días después se llegaron otra vez al predicador, y le dijeron:

— Hemos dejado de tomar el vino de Timoteo.

— ¿Quién les enseñó que debían dejarlo? — les preguntó

— Nadie.

— ¿Lo encontraron en la Biblia? — inquirió.

— No — contestaron los dos amigos —, la Biblia dice que Timoteo podía tomar un poco de vino Sin embargo, nosotros no debemos, porque no sentimos en nuestro interior permiso para hacerlo

Comprendamos que esta prohibición interior es el freno de la ley de vida, que es viva y poderosa. No les permitía a estos dos hermanos que bebieran La ley de vida habla, obra y produce sensaciones; por eso debemos aprender a respetarla.

Una vez un siervo del Señor contó lo siguiente: Un

hermano fue a él y le preguntó si le era permitido hacer cierta cosa.

— ¿Sabe la respuesta en su interior? — le preguntó el siervo de Dios.

El hermano le contestó inmediatamente:

— Sí, la sé.

Unos días después, este hermano se acercó de nuevo al siervo de Dios para consultarle otro asunto. Este le hizo la misma pregunta de la vez anterior:

— ¿Sabe la respuesta en su interior?

— Sí, la sé, la sé — fue de nuevo la respuesta.

El hermano volvió por tercera vez, y por tercera vez el siervo del Señor le preguntó:

— ¿Qué es lo que su interior le dice a usted?

Inmediatamente le contestó de nuevo que él sabía lo que era. En ese momento, el siervo de Dios pensó, aunque no lo dijera:

"Amigo mío, ¿por qué deja usted lo que está cerca y busca lo que está lejos? Usted tiene dentro de sí algo que le puede enseñar cuanto necesita saber con respecto a todas las cosas, es veraz y no miente."

Déjeme decirle aquí y ahora que ese algo es la ley de vida Ella es la que nos enseña lo que debemos hacer y lo que no

A continuación se presenta la cuestión de si usted y yo estamos dispuestos a obedecer esta ley interior. ¿Tenemos el corazón vuelto hacia Dios? Si lo tenemos lo suficientemente vuelto hacia El, no necesitaremos que nadie nos enseñe, porque se halla en nuestro interior un principio viviente y veraz que nos puede enseñar con toda seguridad. Todos los hijos de Dios han tenido esta experiencia; unos más y otros menos. Todos han tropezado en algún momento con algo de esta naturaleza Existe una ley de vida que opera dentro de nosotros Puesto que ella habla, no hace falta que hable nadie más

Podemos relatar otra historia más Había en cierta ocasión un cristiano a quien le gustaba ser atento con los creyentes A cuanto predicador conocía, lo invitaba a comer y le hacía un regalo Cierta vez estaba escuchando a un predicador en un determinado lugar Lo que el hombre estaba predicando no parecía estar de acuerdo con la Biblia, porque negaba que Jesucristo hubiera venido en la carne Este cristiano no se sentía cómodo con un sermón de esa índole, pero de acuerdo con su costumbre de siempre, pensaba darle la mano al predicador y conversar algunos minutos con él A pesar de esto, sintió que algo dentro de sí mismo le estaba prohibiendo hacerlo Tras vacilar un poco, se fue a su casa sin darle la mano

Este creyente no estaba al tanto de lo que las Escrituras nos dicen en cuanto a no recibir en nuestra casa ni saludar a los que se hacen predicadores ellos mismos, y se dedican a proclamar que Jesucristo no ha venido en la carne (vea 2 Juan 7, 10, 11) La convicción nacida de su vida interior concordaba perfectamente con las palabras de la Biblia Esto es saber sin la necesidad de ayuda humana; algo característico del Nuevo Pacto

Por qué la Biblia habla de la "enseñanza"

Quizá usted se haga esta pregunta: ¿No hay muchos lugares en la Biblia donde se habla de "enseñanza"? Por ejemplo: "(Yo, Pablo) os he enviado a Timoteo . el cual os recordará mi proceder en Cristo, de la manera que enseño en todas partes y en todas las iglesias" (1 Corintios 4:17); "En la iglesia prefiero hablar cinco palabras con mi entendimiento, para enseñar también a otros" (1 Corintios 14:19) Hay muchos otros pasajes en la Biblia que hablan acerca de la enseñanza: Colosenses 1:28; 2:22; 3:16;

1 Timoteo 2:7; 3:2; 4:11, 13; 5:17; 2 Timoteo 2:2, 24 y 3:16 ¿Qué diremos acerca de ellos? Para contestar esta pregunta, vamos a partir de nuestra propia experiencia para acudir después a la Biblia

Ya ha hablado en nuestro interior

La unción del Señor ya nos ha enseñado realmente en nuestro interior El problema consiste en que nosotros no la oímos Necesitamos darnos cuenta de que somos verdaderamente débiles Hasta tal punto, que es posible que Dios nos haya hablado una vez, dos, cinco, diez y hasta veinte, y sin embargo, no lo hayamos oído Es posible que alguna vez *lo hayamos oído* y finjamos que no; quizá sí *lo hayamos entendido*, y hacemos como si no fuera así Nuestra mayor debilidad delante de Dios está en esta cuestión de "oír" "El que tiene oído, oiga", advierte el Señor En cada una de las siete cartas que aparecen en el segundo y el tercer capítulo del Apocalipsis, se repite constantemente la expresión: "El que tiene oído, oiga " Oír es algo reconocido como sumamente importante en las Escrituras.

Cuando los discípulos del Señor Jesús le preguntaron por qué El usaba parábolas al dirigirse a la multitud, les contestó: "Por eso les hablo por parábolas: porque viendo no ven, y oyendo no oyen, ni entienden" (Mateo 13:13) Acto seguido, citó las palabras de Isaías 6:9, 10: "De oído oiréis, y no entenderéis; y viendo veréis, y no percibiréis Porque el corazón de este pueblo se ha engrosado, y con los oídos oyen pesadamente, y han cerrado sus ojos; para que no vean con los ojos, y oigan con los oídos, y con el corazón entiendan, y se conviertan, y yo los sane" (vv 14, 15) Todo esto demuestra que los hombres desoyen deliberadamente la enseñanza y la voz que hay dentro de ellos

De ahí que muchas veces el problema no está en que Dios hable o no desde el interior, sino en que el hombre no lo está oyendo El habla una vez, dos, cinco, diez, y seguimos sin oír No oímos, porque no estamos escuchando El que deja de oír, es porque no se interesa por escuchar: "En una o en dos maneras habla Dios; pero el hombre no entiende" (Job 33:14) Tal es la situación de algunos hijos de Dios hoy en día

Hay otro aspecto de esto que hemos de tener en cuenta A todos los enfermos mentales, a todos los que son extremadamente subjetivos en sus puntos de vista, y a todos los obstinados e inflexibles en sus opiniones, les es difícil "oír" Por consiguiente, cada vez que nuestro interior deje de oír la voz de Dios, o de recibir las enseñanzas de su Unción, debemos darnos cuenta de que algo debe andar mal en nuestro interior La dificultad está en nosotros y no en el Señor

Tenemos que agradecerle a Dios su gran paciencia El todavía les sigue hablando a los hombres: "Por sueño, en visión nocturna, cuando el sueño cae sobre los hombres, cuando se adormecen sobre el lecho, entonces revela al oído de los hombres, y les señala su consejo" (Job 33:15, 16) Si usted no lo oye, El apelará incluso a sueños y visiones para enseñarle En resumen, que no es que Dios no hable, sino todo lo contrario: El ha hablado demasiado. El problema se encuentra en lo deficientes que somos los hombres para oír

Lo repite en el exterior

Al leer las epístolas del Nuevo Testamento podemos notar que las numerosas enseñanzas e instrucciones que contienen son de naturaleza *repetitiva* Se encuentran en ellas como respuesta a los problemas

que había en las iglesias Con frecuencia se lee: "¿No
sabéis que   ?" o "¿Ignoráis que.   ?" (vea Romanos 6:3, 16; 1 Corintios 3:16; 5:6; 6:2, 3, 9, 15, 16, 19;
Santiago 4:4) "Ignoráis que" significa que los lectores
ya habían oído y sabido, pero que habían ignorado y
pasado por alto aquello de manera deliberada. Dios
nos llama la atención con su "Ignoráis", por medio de
la Biblia. Sin embargo, la Biblia no es un sustituto de
la voz interior de la Unción, sino que repite lo que la
Unción ya nos ha dicho Debido a la anormalidad de
nuestro estado espiritual, porque somos negligentes
para oír la enseñanza interior, el Señor nos envía a
sus servidores una y otra vez para que nos repitan
exteriormente, con las palabras de la Biblia, lo que la
Unción ya nos ha dicho Si la unción del Señor ya nos
ha enseñado desde el interior, ¿por qué no aprendemos a oír la voz de nuestro interior? Comprendamos
que la enseñanza interior y la instrucción exterior son
complementarias, aunque lo exterior nunca podrá
sustituir a lo interior Las palabras interiores son
vivas; están llenas de vida Por lo tanto, es necesario
que esta característica del Nuevo Pacto sea altamente
estimada por todos los que son de Dios.

Sería bueno en este momento recordarles algo a
algunos hermanos Cuando ayudemos a los demás,
no les demos leyes, ni les entreguemos los diez
mandamientos, ni los instruyamos con nuestros "haz
esto" y "no hagas aquello" subjetivos No debemos
actuar como mirando a través del Antiguo Testamento, diciéndole a cada persona lo que es la voluntad de
Dios para ella. Los voceros de Dios en el Nuevo
Testamento deben señalar la voluntad de Dios en
principio; nunca deben tratar de señalarle a cada cual
qué quiere Dios de él específicamente Todos los que
pertenecemos al Señor debemos aprender a recibir la
enseñanza de la Unción que está en nosotros De otra

forma no habría Nuevo Pacto. Sólo podemos confirmar o repetir lo que Dios ya les ha dicho o enseñado a las personas De no ser así, ¿dónde estaría el Nuevo Pacto? Es muy cierto que debemos recibir con humildad las indicaciones de aquellos que nos enseñan en el Señor; aun así, todo cuanto recibamos de esa forma, nos lo debe enseñar también la Unción que hay en nosotros. Sólo así tendremos el Nuevo Pacto. Tengamos siempre presente que "la letra mata, mas el espíritu vivifica" (2 Corintios 3:6b)

La renovación de nuestro entendimiento

La unción del Señor nos enseña en todas las cosas en la intuición de nuestro espíritu, pero hay ocasiones en que nuestra mente no sabe comprender la sensación que hay en nuestro espíritu Por esta razón, nuestra mente, entendimiento o *nous* necesita ser renovada Así estaremos capacitados para comprender lo que la Unción nos está enseñando Romanos 12:2 nos dirige las palabras "transformaos por medio de la renovación de vuestro entendimiento (nous)" antes de estas otras: "para que comprobéis cuál sea la buena voluntad de Dios, agradable y perfecta" Más aún, Colosenses 1:9 señala que, para ser "llenos del conocimiento de su voluntad", hace falta estar "en toda sabiduría e inteligencia espiritual" De ahí que sea una imperiosa necesidad la renovación del entendimiento (la mente)

Si nuestro entendimiento (o mente) no es renovado, no seremos capaces de entender la enseñanza de la Unción Por el contrario, podemos tomar un *repentino* pensamiento inyectado como un relámpago en nuestra mente, una suposición sin fundamento, un razonamiento vano, o un sueño o visión sin valor y sin sentido, como si fuera una revelación del Señor Todas estas cosas hacen daño y para nada aprovechan Reconocemos y creemos que hay veces en que el Señor sí usa sueños o visiones para abrirles el oído a los hombres, como lo indica Job 33:15, 16 Sin embargo, rechazamos la idea de que esos confusos sueños o visiones sin sentido y sin valor procedan del Señor La renovación de la mente es, por lo tanto, extremadamente importante para llegar a entender y a comprender las enseñanzas de la Unción

Entonces, ¿cómo se renueva la mente? Tito 3:5 dice: "Por la renovación en el Espíritu Santo " De ahí que la renovación sea *obra del Espíritu Santo* Romanos 12:1, 2 habla primero de presentar nuestros cuerpos en sacrificio, para hablar después de la renovación de nuestra mente. Por consiguiente, la renovación del entendimiento *se basa en la consagración* Efesios 4:22, 23 explica que la renovación en el espíritu de nuestra mente (nous) ha de ir precedida en nuestra experiencia por otra obra: "En cuanto a la pasada manera de vivir, despojaos del viejo hombre " De manera que la renovación de nuestro entendimiento (o mente) es llevada a cabo *mediante la cruz* Ser "renovados en el espíritu de nuestra mente" indica que *esa renovación comienza en el espíritu* para alcanzar después a la mente.

Como lo hemos mencionado anteriormente, el Espíritu Santo siempre obra desde el centro hacia la circunferencia. Si no se trabaja con el corazón humano — lo profundo del hombre —, la renovación de la mente (o entendimiento) es imposible Este es el motivo de que el Espíritu Santo renueve primero el espíritu de la mente, y después la mente en sí Resumiendo lo anterior, podemos decir que, al igual que el amor de Dios nos constriñe para que presentemos nuestro cuerpo en sacrificio vivo, el Espíritu Santo aplicará la cruz en nosotros, para que pasemos por la experiencia de despojarnos del viejo hombre en

cuanto a la pasada manera de vivir Además, nos
llenará más abundantemente de la vida de Cristo,
para que se efectúe una renovación de nuestra mente
y de nuestro espíritu. Esta renovación es una obra
constante y continua del Espíritu Santo. ¡Cuánto
necesitamos detenernos para manifestarle a Dios
nuestra alabanza y gratitud! Todo esto es obra de su
gracia En realidad, nosotros no tenemos nada que
hacer, más que recibir su gracia y alabarlo

Quiero repetir que la enseñanza de la Unción que
está en nosotros es algo muy real. No hemos exagera-
do las cosas al decir que no necesitamos que nadie
nos enseñe porque la ley de vida está obrando en
nosotros. Eso es lo que la Biblia afirma Por otra parte,
sin embargo, debemos estar precavidos contra el
engaño de los extremismos, porque es indudable que
necesitamos las palabras de las Escrituras como forma
de comprobar la validez de nuestras sensaciones
interiores.

Las Escrituras sirven para comprobar la validez de nuestras sensaciones interiores

Puesto que el Espíritu Santo es "el Espíritu de
verdad" (Juan 14:17; 16:13), y nos "guiará a toda la
verdad" (Juan 16:13), nuestras sensaciones interiores,
si son impulsadas por el Espíritu Santo, tienen que
estar de acuerdo, sin duda alguna, con lo que dicen
las Sagradas Escrituras. Si no están de acuerdo con la
Palabra de Dios, son equivocadas. Necesitamos saber
que, al igual que la sensación interna es *viva*, la Biblia,
que está en el exterior, es *totalmente veraz* La Palabra
de la Biblia es exacta y segura, pero no necesariamen-
te viva en sí misma. En cambio, la sensación interior
podrá ser viva, pero hay veces que no es exacta ni
segura De manera similar, un tren con locomotora
tiene la fuerza del vapor, pero necesita los rieles Los

trenes no se pueden mover sobre los rieles sin una locomotora, pero tampoco pueden moverse con locomotora si carecen de rieles. O no se moverán, o correrán hacia una catástrofe. La Biblia nos nuestra que los hijos de Israel, al salir de Egipto, llevaban delante de ellos, a modo de guía, una columna de nube por el día, y una columna de fuego por la noche. Cuando nuestra situación espiritual es normal, nos sentimos como si estuviéramos caminando bajo un cielo azul y a pleno sol. Sin embargo, esa situación espiritual no permanece siempre constante La Biblia también afirma: "Lámpara es a mis pies tu palabra, y lumbrera a mi camino" (Salmo 119:105) Si no hubiera noche oscura, no habría necesidad de lámpara ni de lumbrera. Cuando brillamos en nuestro interior, nuestras sensaciones interiores son claras y seguras, pero cuando interiormente estamos a oscuras, nuestras sensaciones interiores se vuelven confusas y vacilantes. Por tanto, subsiste la necesidad de confrontarlas con las palabras de las Escrituras. Cuando se suman la vida y la verdad, lo que se obtiene es un poder real y constante. Debemos andar por ese duradero camino que es a la vez vida y verdad. Necesitamos confrontar todos nuestros pensamientos y juicios con las palabras de la Biblia. Eso nos ayudará a caminar directamente hacia adelante, sin volvernos hacia la izquierda, ni la derecha.

Dos maneras de conocer a Dios

Leamos otra vez Hebreos 8:11: "Ninguno enseñará a su prójimo, ni ninguno a su hermano, diciendo: Conoce al Señor; porque todos me conocerán, desde el menor hasta el mayor de ellos " Todos los que forman parte del pueblo de Dios, pueden conocerlo en la ley de vida sin necesidad de ser enseñados por los hombres Este versículo menciona dos veces la palabra "conocer" La primera vez se refiere al hecho de enseñar a todo hombre para que conozca al Señor; la segunda dice que todos — desde el menor hasta el mayor — conocerán al Señor En el texto griego se utilizan dos palabras distintas. La primera vez se señala un tipo de conocimiento común y corriente, mientras que la segunda palabra denota un tipo de conocimiento intuitivo El conocimiento común es objetivo; externo En cambio, el intuitivo es subjetivo en su naturaleza; es un conocimiento interior

Podemos usar una parábola para ilustrar la diferencia que existe entre el conocimiento común y el conocimiento intuitivo El azúcar y la sal parecen iguales Ambas son blancas y de grano fino. Sin embargo basta con que nos las llevemos a la boca para que en seguida sepamos cuál es el azúcar y cuál la sal Cada una de ellas tiene su sabor peculiar Reconocer el azúcar y la sal desde el exterior mediante los ojos, es algo muy inferior a reconocerlas en el interior, probándolas con la lengua Así es también el conocimiento de Dios El conocimiento que nos llega desde el exterior sólo es un conocimiento común y corriente; el conocimiento interior es el seguro Cada vez que Dios nos hace probarlo a El en nuestro interior, tenemos un gozo inefable: "¡Gustad, y ved que es bueno Jehová!" (Salmo 34:8a) ¿No es cosa extraña que podamos gustar a Dios? Sin embargo, es cierto: "Porque   los que una vez fueron iluminados y gustaron del don celestial, y. . gustaron de la buena palabra de Dios y los poderes del siglo venidero" (Hebreos 6:4, 5) Esto indica que, en efecto, podemos gustar las cosas espirituales Gracias a Dios, la característica del Nuevo Pacto consiste en dejarnos gustar las cosas espirituales, y no sólo ellas, sino al mismo Dios. ¡Qué gran bendición! ¡Cuán glorioso es esto! ¡Aleluya!

Tres pasos para conocer a Dios

Según la Biblia, existen tres pasos en el conocimiento de Dios "Sus caminos notificó a Moisés, y a los hijos de Israel sus obras" (Salmo 103:7). La palabra "caminos" usada aquí es la misma usada en Isaías 55:9: "Así son mis caminos más altos que vuestros caminos " Lo que los hijos de Israel llegaron a conocer fueron las obras de Dios; lo que conoció Moisés fueron sus caminos El conocimiento que tuvo Moisés de Dios estaba un paso más adelante que el de los hijos de Israel Ahora bien, el conocimiento intuitivo de Dios, mencionado en Hebreos 8:11, va aún más allá de este conocimiento de los caminos de Dios, porque conocer intuitivamente es conocer la naturaleza de Dios; conocer a Dios mismo Uniendo estos dos pasajes, podemos sacar la conclusión de que se nos presentan tres pasos en el conocimiento de Dios El primero consiste en conocer sus obras; el segundo, en conocer sus caminos; el tercero, en conocer al mismo Dios Conocer las obras de Dios y conocer sus caminos son sólo maneras exteriores de conocer En cambio, conocer a Dios y su naturaleza en nuestro interior, es una experiencia más profunda y valiosa Consideremos estos tres pasos por separado

Conocer las obras de Dios

¿Qué es lo que se entiende por conocer las obras de

Dios? Sus obras son los milagros y las maravillas que El hace Las diez plagas que Dios envió sobre Egipto, y de las cuales fueron testigos los hijos de Israel (vea Exodo 7 — 11); el "recio viento oriental" que Dios usó "toda aquella noche" para dividir las aguas y hacer que el mar fuera como tierra seca (Exodo 14:21); el agua viva que salió de la roca golpeada en el desierto (Exodo 17:6); el maná que descendía diariamente del cielo (Exodo 16:35), y muchas cosas similares, son obras de Dios La alimentación de los cinco mil con cinco panes y dos peces hasta que todos se saciaron y sobró (Juan 6:9-12); los ciegos que recibieron la vista; los cojos que comenzaron a andar; los leprosos que quedaron limpios; los sordos que oyeron; los muertos resucitados (Mateo 11:5), y muchas cosas más que nos relatan los evangelios, son también obras de Dios En nuestros días, vemos que hay quienes tienen la experiencia de ver que son sanados de sus enfermedades, y viajeros que han estado en peligro y han recibido una protección especial de Dios: estas obras también son suyas Ahora bien, si lo único que conocemos de Dios son sus obras, no se puede decir de nosotros que lo conozcamos a El, porque este tipo de conocimiento es superficial y externo

Conocer los caminos de Dios

¿Qué se entiende por conocer los caminos de Dios? Se puede decir que consiste en conocer los principios según los cuales Dios obra Abraham, al interceder por Sodoma, se acercó a la justicia de Dios El sabía que Dios es un Dios justo, que no puede hacer nada que vaya contra su justicia Esto indica que Abraham conocía este principio de la actuación divina. En cierta ocasión, cuando Moisés vio aparecer la gloria del Señor, le dijo inmediatamente a Aarón: "Toma el incensario, y pon en él fuego del altar, y sobre él pon incienso, y vé pronto a la congregación, y haz expiación por ellos, porque el furor ha salido de la presencia de Jehová; la mortandad ha comenzado" (Números 16:46) Esto se debió a que Moisés conocía los principios según los cuales Dios reacciona ante las obras humanas Samuel le dijo a Saúl: "Ciertamente el obedecer es mejor que los sacrificios, y el prestar atención que la grosura de los carneros" (1 Samuel 15:22b) Esto es conocer los caminos de Dios. David declaró: "No ofreceré a Jehová mi Dios holocaustos que no me cuesten nada" (2 Samuel 24:24b) Esto también es conocer los caminos de Dios.

Conocer a Dios mismo

¿Qué es conocer a Dios mismo? Conocer su naturaleza es conocerlo a El mismo Hemos dicho anteriormente que cada forma de vida posee sus propias características. También la vida de Dios tiene sus características exclusivas. Su naturaleza es recta y buena (Salmo 25:8; 86:5; Mateo 19:17), y santa (Hechos 3:14; 1 Pedro 1:16; 1 Juan 2:20) Esto se nos manifiesta a través de su luz. Tan pronto como nacemos de nuevo, recibimos la vida de Dios, y con ella, su propia naturaleza Cuando tocamos su naturaleza en nosotros, lo tocamos a El Esto es conocer a Dios mismo

Supongamos que en la parte consciente de nuestra conciencia haya un pecado con el que tenemos que enfrentarnos para poder tener paz Sin embargo, es posible que haya dentro de nosotros una especie de sentimiento que es aún más profundo que la convicción de la conciencia. Ese sentimiento santo aborrece el pecado, que le causa repulsión, no por miedo al castigo, sino porque lo aborrece en sí mismo Tal aborrecimiento proviene de la naturaleza santa de

Dios. Cada vez que una persona toca al mismo Dios, el conocimiento que esa persona adquiere acerca de la santidad divina va más allá de toda descripción humana. A veces será realmente como el de Job, que confesó: "De oídas te había oído; mas ahora mis ojos te ven Por tanto me aborrezco, y me arrepiento en polvo y ceniza" (Job 42:5, 6) Al igual que las motas más pequeñas de polvo se hacen visibles bajo la brillante luz del sol, así también nuestras inmundicias quedan expuestas bajo la santidad de Dios No es de maravillarse que, cuando Pedro se encontró con el Señor en persona en aquel memorable día, cayera de rodillas y dijera: "Apártate de mí, Señor, porque soy hombre pecador" (Lucas 5:8b) Sucede con frecuencia que posiblemente nuestra conciencia no condene nuestras palabras ni nuestros hechos y sin embargo, muy dentro de nosotros hay una sensación de incomodidad que no nos permite darles el visto bueno Esto indica que el sentimiento de la naturaleza de la vida divina en nosotros sobrepasa incluso a las sensaciones de la conciencia. Si aprendemos a obedecer, tocaremos al mismo Dios en estas ocasiones Esto es conocer a Dios mismo

"Hasta esta hora   nos fatigamos trabajando con nuestras propias manos; nos maldicen, y bendecimos; padecemos persecución, y la soportamos Nos difaman, y rogamos" (1 Corintios 4:11-13a) Estas palabras de Pablo a los creyentes de Corinto nos dicen lo que es *la naturaleza de esta vida*, así como lo que *la vida de Dios puede hacer* Cuando Pablo entró de esta manera en contacto con la naturaleza de Dios, tocó a Dios mismo Así fue como Pablo conoció a Dios

Se solía contar una anécdota acerca de dos hermanos campesinos que eran cristianos Su campo de arroz quedaba en una faja de terreno en el costado de una loma Pedaleaban diariamente el agua para su campo, utilizando una rueda de extraer agua, pero se daban cuenta también todos los días de que el campesino que estaba al pie de la loma había abierto secretamente el dique de ellos y les estaba robando el agua para aprovecharla en su propio campo. Esto siguió así durante siete u ocho días Los dos hermanos no dijeron nada, aunque se sentían muy incómodos con esto. Por fin fueron a consultar a un siervo del Señor, el cual les dijo:

— Soportar con paciencia no basta. Mañana deberán llenar primero el campo del que les robó el agua, y luego pedalear agua para el campo de ustedes.

Los dos hermanos hicieron lo que se les había aconsejado Cosa extraña, mientras más lo hacían, más felices se sentían Finalmente, el que les había robado el agua se sintió tan conmovido por su acción, que fue a pedirles disculpas A través de este incidente podemos comprender que, debido a que ellos siguieron la naturaleza de la vida de Dios, fueron capaces de hacer una cosa así, y de forma absolutamente natural. De no ser así, la habrían hecho a regañadientes, y luego habrían experimentado pesar. Sólo siguiendo la naturaleza de Dios, que estaba en ellos, fueron capaces de regocijarse y alabarlo Mientras más obedecían, más conocían a Dios.

El conocimiento intuitivo de Dios

Conocer a Dios mismo es la bendición más grande y la gloria mayor del Nuevo Pacto. Dios no puede ser conocido mediante la carne, sino en la intuición. ¿De qué manera lo podemos conocer intuitivamente? Veamos lo que la Biblia dice al respecto:

"Y esta es la vida eterna: que te conozcan a ti, el único Dios verdadero, y a Jesucristo, a quien has enviado" (Juan 17:3) Esto nos muestra claramente que todos los que tienen vida eterna conocen a Dios y al Señor Jesús. Es decir, que todo el que tiene vida eterna entra en posesión de la capacidad de conocer a Dios de forma intuitiva, capacidad que no había tenido nunca antes. Esta vida eterna es la capacidad de conocer a Dios Por medio de esta vida interior llegamos a conocer intuitivamente al que ya hemos conocido Esto no se parece en nada a la situación de los atenienses, que adoraban "al Dios no conocido", siguiendo las deducciones de sus razonamientos (vea Hechos 17:23) Si una persona profesa tener vida eterna y, a pesar de esto, no ha conocido nunca a Dios, es de dudar que esa vida eterna que posee sea real Hablando con mayor precisión, esta persona no tiene vida eterna Si queremos conocer a Dios, primero hemos de tener vida eterna

"¿Quién de los hombres sabe las cosas del hombre, sino el espíritu del hombre que está en él? Así tampoco nadie conoció las cosas de Dios, sino el Espíritu de Dios. Y nosotros no hemos recibido el espíritu del mundo, sino el Espíritu que proviene de Dios, para que sepamos lo que Dios nos ha concedido" (1 Corintios 2:11, 12) Esto nos indica que *el Espíritu Santo que está en nuestro espíritu es el que hace que conozcamos las cosas de Dios* Nunca podremos conocer las cosas de Dios por lo que nuestra mente comprenda, lo que nuestro razonamiento recomiende, o lo que nuestra sabiduría confirme Siguiendo el tema comenzado, este pasaje de 1 Corintios continúa: "Pero el hombre natural no percibe las cosas que son del Espíritu de Dios, porque para él son locura, y no las puede entender   " (1 Corintios 2:14)

"Para que el Dios de nuestro Señor Jesucristo, el Padre de gloria, os dé espíritu de sabiduría y de revelación en el conocimiento de él, alumbrando los ojos de vuestro entendimiento, para que sepáis   "

(Efesios 1:17, 18) El apóstol ora por los creyentes regenerados de Efeso, para que reciban el espíritu de sabiduría y de revelación, y puedan conocer realmente a Dios de manera intuitiva. Este espíritu de sabiduría y de revelación puede ser un poder latente del espíritu activado por Dios a través de la oración, o bien la sabiduría y revelación dadas por el Espíritu Santo al espíritu del creyente como resultado de la oración En ambos casos, le da al creyente el conocimiento de Dios. Nuestra intuición necesita sabiduría y revelación

Necesitamos sabiduría para discernir entre lo que proviene de Dios y lo que proviene de nosotros mismos Necesitamos sabiduría para detectar a los falsos apóstoles y a los que van disfrazados de ángeles de luz (2 Corintios 11:13, 14) La sabiduría que Dios da, no se la da a nuestra mente, sino a nuestro espíritu. El hace que nosotros tengamos sabiduría en nuestra intuición, y nos lleva mediante nuestra intuición al camino de la sabiduría.

Necesitamos revelación para conocerlo de verdad. El espíritu de revelación es el efecto del movimiento de Dios en nuestro espíritu. Nos permite sentir su deseo en nuestra intuición Nos ayuda a percibir su movimiento Sólo así podemos llegar a conocerlo realmente.

Dios no sólo nos da el espíritu de sabiduría y de revelación para que lo podamos conocer con certeza en nuestra intuición, sino que alumbra también "los ojos de nuestro corazón" para que lleguemos a conocer. La palabra "corazón" empleada aquí es "entendimiento" *(diánoia)* en el texto griego de Stephens (1550) Es la misma *diánoia* que aparece en Efesios 4:18; la facultad de conocer y de comprender. De ahí que Efesios 1:17, 18 hable de dos tipos de conocimiento: el primero, el de la intuición; el segundo, el de la mente El espíritu de revelación llega hasta los resquicios más íntimos de todo nuestro ser Dios le revela su propio ser a nuestro espíritu para que nosotros lo podamos conocer intuitivamente. Sin embargo, esto es sólo conocerlo en nuestra intuición Nuestro hombre interior llega a conocer, y sin embargo, nuestro hombre exterior permanece aún ignorante

Por esta razón, nuestro espíritu debe iluminar a nuestra mente, haciendo que ella entienda el significado de lo que hay en él, y de esta manera le estará proporcionando el conocimiento que necesita a nuestro hombre exterior La revelación tiene lugar en el espíritu, pero llega hasta la mente La revelación está en la intuición del espíritu, mientras que la iluminación se derrama sobre la mente del alma. En la intuición conocemos por lo que sentimos; en la mente conocemos por lo que entendemos

"Que seáis llenos del conocimiento de su voluntad en toda sabiduría e inteligencia espiritual, para que andéis como es digno del Señor, agradándole en todo, llevando fruto en toda buena obra, y creciendo en el conocimiento de Dios" (Colosenses 1:9, 10). Este pasaje nos muestra que tanto hace falta la sabiduría espiritual como la comprensión espiritual para conocer la voluntad de Dios, hacer lo que le agrada, y conocerlo a El de una manera real

La sabiduría espiritual — como ya lo hemos visto — la recibe nuestro espíritu de Dios Mientras tanto, necesitamos tener también comprensión espiritual para entender la revelación que Dios le ha dado a la intuición de nuestro espíritu. Así como la intuición del espíritu hace que detectemos el *movimiento* de Dios, la comprensión espiritual nos capacita para entender el *significado* de ese movimiento de Dios Si queremos conocer en el espíritu su voluntad en cuanto a todas las cosas, creceremos sin duda alguna en el conocimiento de Dios Crecer en Dios significa crecer en el conocimiento que tenemos de El. Así nuestro conocimiento se desarrollará grandemente, y nuestra vida madurará hasta que estemos llenos de Dios.

En vista de esto, debemos seguir la operación de la ley de vida, ejercitando a nuestro propio espíritu para que alcance un conocimiento más profundo de Dios. Lo que necesitamos es conocerlo de una manera real Pidámosle que nos conceda espíritu de sabiduría y de revelación, junto a la comprensión espiritual, para que podamos crecer diariamente en el verdadero conocimiento de Dios.

"Bienaventurados los de limpio corazón, porque ellos verán a Dios" (Mateo 5:8). Este versículo nos vuelve a llevar al tema del corazón. Si su corazón es puro — es decir, no es "de doble ánimo" (Santiago 4:8) — verá a Dios Pero si está inclinado hacia otras cosas que no son Dios, o si hay codicia en él, entonces estará cubierto como por un velo y no podrá ver a Dios con claridad Por lo tanto, si siente que no hay transparencia en su interior, lo primero que tiene que hacer es pedirle a Dios que le muestre si su corazón es puro o no

"Respondió Jesús y le dijo: El que me ama, mi palabra guardará; y mi Padre le amará, y vendremos a él, y haremos morada con él" (Juan 14:23) Esto nos dice que si amamos al Señor y le obedecemos, El vendrá a morar con nosotros, dándonos también la conciencia de su presencia Estas palabras están perfectamente de acuerdo con las de 1 Juan 2:27: "Según (la Unción) os ha enseñado, permaneced en él " Siguiendo las enseñanzas de la Unción, guardamos la Palabra del Señor. De esta forma, nosotros moraremos en El y El morará también en nosotros

Esa obediencia no viene por obligación, sino por amor Cierta vez el Hermano Lorenzo dijo que si nuestro corazón "puede llegar a conocer a Dios, lo podrá hacer sólo a través del amor" ¡Cuán variados son los deseos y las pasiones de la voluntad y del corazón! No obstante — como comentara el Hermano Lorenzo —, la única forma de dominar nuestras pasiones "es el amor auténtico, que halla su única finalidad en Dios"

El amor es verdaderamente la vía más apropiada para canalizar nuestras pasiones El amor no es algo impuesto a la fuerza Amamos a Dios porque El nos amó primero (1 Juan 4:19) Mientras más amamos a Dios, más estrechamente nos acercamos a El; y mientras más lo conocemos, más lo amamos y más sed tenemos de El En cierta ocasión, un santo de Dios dijo lo siguiente: "Dios nos da un corazón tan grande, que únicamente El lo puede llenar " Quizá nos quejemos de lo pequeño que es nuestro corazón. Sin embargo, todo el que ha gustado de Dios puede dar testimonio de que el corazón que El nos ha dado es verdaderamente grande. Es un corazón tan grande, que nada más pequeño que El lo podrá llenar jamás. ¡Solamente Dios puede llenarlo por completo! ¿Hasta qué punto suspira *su corazón* por Dios?

Manifieste a Dios en su exterior

Nuestra manifestación exterior de Dios nunca podrá superar a nuestro conocimiento interno de El La profundidad de nuestro conocimiento interno acerca de Dios determina el grado de nuestra manifestación exterior de El En otras palabras, la manifestación exterior es resultado del conocimiento interior Vamos a examinar esta consecuencia desde diferentes ángulos

Manifieste a Dios con valor y discernimiento

"Cuando agradó a Dios, que me apartó desde el vientre de mi madre, y me llamó por su gracia, revelar a su Hijo en mí, para que yo le predicase entre los gentiles, no consulté enseguida con carne y sangre, ni subí a Jerusalén a los que eran apóstoles antes que yo . ." (Gálatas 1:15-17a) El valor con el que Pablo les predicaba el Evangelio a los gentiles procedía de que conocía al Hijo de Dios, y había llegado a ese conocimiento por revelación Un conocimiento así no procede de la carne El que conoce al Cristo que está en él, reconoce también al Cristo que está en otras personas Eso es lo que Pablo quiere decir cuando afirma: "Nosotros de aquí en adelante a nadie conocemos según la carne" (2 Corintios 5:16a) Al que conoce al hombre según la carne, se le hace difícil recibir vida de los demás, porque lo afecta fácilmente la debilidad exterior del hombre. Cualquier mancha que haya en el hombre se convierte en fuente de sus críticas, y aumenta su orgullo Por esta razón, el que alguien conozca o no al Cristo que está en los demás, depende de que conozca al Cristo que vive dentro de él "Aun si a Cristo conocimos según la carne, ya no lo conocemos así" (2 Corintios 5:16b).

"Todo espíritu que no confiesa que Jesucristo ha venido en carne, no es de Dios; y este es el espíritu del anticristo.   Vosotros sois de Dios, y los habéis vencido; porque mayor es el que está en vosotros, que el que está en el mundo" (1 Juan 4:3, 4) Los que conocen realmente a Dios, pueden detectar también a los falsos apóstoles (2 Corintios 11:13; Apocalipsis 2:2), a los falsos profetas (Mateo 24:11), y hasta a los falsos hermanos (2 Corintios 11:14, 15) Todas las veces que nos engañen, esto se deberá a que no conocemos a la gente por medio del Cristo que está en nosotros. Todos los que conocen realmente a Dios

tienen valor suficiente para declarar que el que está
en ellos es mayor que el que está en el mundo

Manifieste a Dios en su santo temor

Todo el que conoce realmente a Dios, no sólo tiene
el valor de testificar, y no le tiene miedo al espíritu del
anticristo, sino que posee de una manera especial el
temor de Dios Pablo manifestaba su temor de Dios
repetidamente, cada vez que permitía que El restrin-
giera la dirección que llevaba su labor (Hechos 16:6,
7). Más aún, demostró temer a Dios cuando suavizó
instantáneamente su actitud al ser informado de que
estaba reprendiendo al sumo sacerdote (Hechos 23:3-
5) El que conoce realmente a Dios es como el que
tiene los lomos de su entendimiento ceñidos (1 Pedro
1:13) No se permite ligerezas en cuanto a palabras,
acciones ni actitudes. No es su propio esfuerzo el que
lo frena, sino más bien la vida divina que hay en él,
que lo limita o le prohíbe ciertas cosas.

Esto es cierto, no sólo cuando se halla delante de
los demás, sino también cuando se encuentra solo
Cada vez que sus palabras o actos no concuerdan con
la vida que lleva dentro, recibe de inmediato una
advertencia procedente de su interior. Tan pronto
como entra en contacto con Dios, se dulcifica instantáneamente Aquel que es exteriormente descuidado,
seguramente comenzó por descuidarse interiormente
primero No hay cristiano excesivamente liberal en su
conducta, carente de restricciones, sin evidencias de
cambio, descuidado en palabras y obras, que sea una
persona temerosa de Dios Todo aquel que actúa de
una manera delante de los hombres, y de otra detrás
de ellos; se comporta de una manera en el púlpito, y
de otra fuera de él, es que no teme a Dios El
verdadero temor de Dios se lleva en el corazón todo el
tiempo, en todo lugar y en todas las cosas

Nos ponemos a temblar cuando pensamos en

aquellos que profesan pertenecer a Dios y, sin embargo, no manifiestan el más leve temor de El en sus palabras ni en sus hechos Oigamos lo que el Espíritu les dice a éstos: "Y ahora, hijitos, permaneced en él, para que cuando se manifieste, tengamos confianza, para que en su venida no nos alejemos de él avergonzados" (1 Juan 2:28). ¿Tiene usted en su corazón una confianza así cada vez que piensa en que un día verá el rostro del Señor, o se tendrá que alejar avergonzado cuando todas las cosas sean puestas al descubierto delante de El?

Manifieste a Dios en la adoración

Nadie que conozca realmente a Dios deja de adorarlo El Hermano Lorenzo dijo en una ocasión: "Adorar a Dios *en verdad* es reconocerlo como lo que El es, y vernos a nosotros mismos como lo que realmente somos Es reconocer con sinceridad de corazón lo que Dios es realmente: el ser infinitamente perfecto, digno de adoración infinita, infinitamente ajeno al pecado, y todos sus demás atributos divinos " Sólo los que conocen realmente a Dios son capaces de adorarlo de verdad Por ejemplo, el conocimiento de Dios que tuvo Jacob en Bet-el fue sólo exterior Es cierto que le causó temor, pero miremos el estado de su corazón y cómo regateaba con Dios para su propio provecho (Génesis 28:16-22). Esperemos, en cambio, a su encuentro con el Señor en Peniel (Génesis 32:24-32) ¡Cuán diferente era el conocimiento de Dios que adquirió en aquel momento! Un santo muy amado escribió en chino un himno de dieciséis estrofas, para describir la historia de Jacob en Peniel. Traduciremos en forma libre sólo tres estrofas que se refieren al conocimiento de Dios que tuvo Jacob después de aquella crisis.

En un instante, la luz inundó mi corazón
como un torrente que rompe su dique

Veo la infinita gloria de Dios,
   que me impulsa a adorarlo y ocultarme;
entonces veo la magnitud de mis pecados,
   de mis desviaciones e inmundicias.

Tú eres el Dios de la gloria.
   Cuán terrible es el Señor de los ejércitos;
al darme cuenta de quién eres,
   y ver lo qué eres,
lloro, me lamento,
y me inclino arrepentido

Señor, me rindo, porque has vencido
   Pido derrota a causa de tu derrota;
me rindo a causa de mi victoria
   Tu debilidad me postra;
con temor y temblor consagro mi vida
   a tu voluntad y a la gloria de tu nombre.

[Esta última estrofa se inspiró en Oseas 12:4:
"Venció al ángel, y prevaleció; lloró, y le rogó " Dicho
pasaje demuestra que después de su aparente triunfo
sobre Dios, fue cuando Jacob quedó verdaderamente
quebrantado y lloró en su presencia *El traductor al
idioma inglés.*]

Con frecuencia decimos: Adoremos a Dios, adoremos a Dios. Sin embargo, ¿hasta qué punto lo
conocemos realmente? ¿Hemos caído abatidos en
tierra ante El?

Manifieste a Dios en la santidad

La persona que conoce realmente a Dios, lo manifiesta. Esto equivale a vivir una vida santa La
santidad de vida es un gran misterio, pero desde que
Dios fue manifestado en carne (1 Timoteo 3:16), este
misterio ha quedado revelado ¡Pensemos! ¡Jesús de
Nazaret es Dios manifestado en carne! El glorioso
Dios y Hombre ha manifestado la santa y gloriosa

vida de Dios. En el momento presente, esa vida está en nosotros y debe manifestarse a través de nosotros. La operación de la ley de vida de Dios que está en nosotros debe cumplir con esa exigencia.

Entendamos claramente que la santidad de vida, o piedad, no es una especie de ejercicio ascético. Es una especie de conciencia de que tenemos una vida especial; de que nos hallamos en sintonía con el carácter de la vida de Dios. Por esta razón, el apóstol Pablo la pone en la lista de las cosas que el hombre de Dios debe buscar: "Mas tú, oh hombre de Dios. . sigue la justicia, la piedad, la fe, el amor, la paciencia, la mansedumbre" (1 Timoteo 6:11). Desde el día en que nacimos de nuevo, "todas las cosas que pertenecen a la vida y a la piedad nos han sido dadas por su divino poder" (2 Pedro 1:3a) Esta piedad "tiene promesa de esta vida presente, y de la venidera" (1 Timoteo 4:8b). Sabemos que "esta es la promesa que él (el Señor) nos hizo, la vida eterna" (1 Juan 2:25; vea también Tito 1:2). Cuando creemos en el Hijo de Dios, recibimos esta vida eterna (1 Juan 5:13). Mediante el poder de la operación de esta vida en nosotros, podemos exteriorizarla en nuestra vida, manifestándola en nuestros pensamientos, palabras, actitudes y obras. De ahí que el apóstol Pablo declare: "Esperamos en el Dios viviente, que es el Salvador de todos los hombres, mayormente de los que creen" (1 Timoteo 4:10).

Ya tenemos esta vida divina en nosotros. No obstante, para expresarla al exterior necesitamos ejercitarnos: "Ejercítate para la piedad" (1 Timoteo 4:7b) Necesitamos comprender esto: mientras que el temor de Dios tiene que ver con la intención del corazón — siempre temeroso de comprometerse en algo que ofenda a Dios — la piedad consiste en permitirle que se manifieste en todas nuestras cosas

Ejercitarse para la piedad significa, desde el punto de vista negativo, "renunciar a la impiedad" (Tito 2:12); esto es, negar todo lo que no sea como Dios. Desde el punto de vista positivo, es dejar que Dios se manifieste en todas las cosas. Esta ejercitación no es una práctica ascética, ni consiste en cerrarle las puertas a todo. En cambio, *es permanecer en el Señor de acuerdo a las enseñanzas de la Unción,* y aprender a dejar que la ley de la vida divina manifieste el carácter de esa vida en nuestro diario caminar (1 Timoteo 2:2).

Este ejercicio piadoso es más provechoso que el ejercicio físico. Aun cuando no podemos experimentar ahora por completo esa vida eterna, la estamos experimentando día tras día, hasta el día en que seamos enteramente como El. El día en el cual nuestro cuerpo quede finalmente redimido, seremos completamente como El, y disfrutaremos plenamente de esa vida eterna. Este es el eterno propósito de Dios; ésta es la gloria del Nuevo Pacto. Alabemos al Señor con un corazón lleno de esperanza.

Quisiera mencionar también que si vivimos santamente en Cristo, no podremos evitar ciertos acontecimientos. Pablo le dijo a Timoteo: "Persecuciones, padecimientos, como los que me sobrevinieron en Antioquía, en Iconio, en Listra; persecuciones que he sufrido" (2 Timoteo 3:11a). Quizá haya quien piense que Pablo no podía evitar estas persecuciones porque era apóstol. Sin embargo, veamos lo que escribió nada menos que en el versículo siguiente: "Y también todos los que quieren vivir piadosamente en Cristo Jesús padecerán persecución" (2 Timoteo 3:12). No son sólo los apóstoles los que tienen que soportar persecuciones, sino todos los que quieran vivir piadosamente en Cristo Jesús. Sin excepciones.

Es absolutamente cierto que podemos ser cristianos sin sufrir persecución alguna. Todo está en que seamos un poco más liberales, sagaces y prudentes para caminar aunque sea un poco de acuerdo con el curso de este mundo Basta mezclarse más con la gente mundana; hacer concesiones en alguna verdad; buscar el favor de los hombres aunque se sacrifique la verdad; no buscar ni obedecer las sensaciones interiores ¿Quién va a perseguirnos, si no somos diferentes al resto de la gente? No nos imaginemos que esos cristianos que sufren mucha persecución han nacido fuera de tiempo y "no tienen suerte en la vida" Más bien debemos contemplar a los cristianos *no perseguidos* como personas que no están viviendo piadosamente en Cristo Jesús; de lo contrario, el sufrimiento les sería inevitable. Cuán en lo cierto estaba un creyente cuando dijo: "Los creyentes altamente espirituales siempre andan heridos Lá corona de los mártires hace brotar el fuego." Con todo, no tenemos por qué temer El Señor nos dará capacidad para soportarlo, o nos librará de nuestras aflicciones (1 Corintios 10:13; 2 Corintios 1:8-10; 2 Timoteo 3:11b)

Nos gustaría también hacer la observación de que el ejercicio de la piedad, o la vida piadosa en Cristo Jesús, es algo así como una meta que se persigue; una vida que se desborda No señalaremos aquí esos fenómenos normales, sino que llamaremos la atención sobre algunos que indican un cristianismo enfermizo y deficiente

(1) *Pereza* Algunos cristianos nacieron perezosos No quieren esforzarse ni trabajar Tienden a usar la oración o las palabras espirituales para escudar su pereza. Un hermano contaba la siguiente anécdota: Había una hermana que le tenía aversión al trabajo O bien se excusaba diciendo que no sabía cómo hacer, o fingía no tener la fuerza física necesaria para realizar el trabajo. Más tarde, alguien hizo arreglos para que ella se encargara de recoger en el jardín todos los días

algunas flores y las pusiera en un florero. Después de algunos días, dejó de hacerlo ¿Cuál fue la razón que dio? Lo más probable es que no fuera una razón espiritual Tendríamos que calificar su actitud de enfermiza, y definitivamente nada piadosa

(2) *Rigidez* Algunos cristianos cometen el error de creer que la rigidez es piedad. Así se vuelven falsos. Cierto hermano relata que conoció a otro hermano que acostumbraba bajar la cabeza hacia el suelo, o levantarla hacia el cielo a cada dos o tres palabras que decía Se dio cuenta de que este hermano estaba fingiendo piedad Tuvo el deseo de gritarle de todo corazón: "Hermano, ¡no finjas!" Deberíamos saber lo que es la vida en realidad: algo que fluye de manera natural La rigidez fingida del hermano impedía que su espíritu y su Dios se manifestaran a través de él Así pues, al ejercitar nuestra piedad necesitamos estar siempre vivos y lozanos, porque es Dios mismo quien se está manifestando a través de nuestras palabras y actitudes.

(3) *Frialdad* Cuando decimos que todos los que viven piadosamente en Cristo Jesús padecerán persecución, queremos decir que todos los que no están dispuestos a ofender a Dios para complacer a los hombres recibirán este tratamiento Esto no nos exime de la obligación de mostrar amabilidad o cortesía en nuestro trato con los demás Se cuenta de una hermana que se encontró con otra en una colina La saludó y le preguntó dónde iba La otra hermana levantó la cabeza hacia el cielo y le contestó fríamente:

— Voy a tener un encuentro con Dios

¿Cree usted que este tipo de piedad fabricada y esta frialdad podrán atraer jamás a nadie hacia Dios?

(4) *Pasividad* Al ejercitarse en la piedad, algunos cristianos quieren aprender de Madame Guyon y del Hermano Lorenzo Esto es admirable Sin embargo,

al aprender a ser como ellos tienden a ser pasivos, y esto es lamentable Ahora bien, ¿cómo caen en esa pasividad? Llegan a disfrutar tanto de la presencia de Dios, que sus oídos se cierran a lo que dice la gente. (Notemos que es correcto no dar oído a palabras ociosas; en cambio, ofende a los demás que no oigamos las palabras importantes que nos dirigen.) Llega un momento en que no entienden los pensamientos de los demás, ni les preocupa el resto de la humanidad. Bajo condiciones normales, ¿cómo reaccionaría el Hermano Lorenzo ante un ambiente lleno de ajetreo y ruido? ¿No habría sido molesto para los demás que le pidieran un plato y les diera una cuchara, o que le dijeran algo y él no lo oyera, lo repitieran y siguiera sin comprender? Por esto decimos que si el ejercicio de la piedad nos lleva a la pasividad, es que se ha convertido en algo fuera de lo normal

Consideremos más plenamente que el Señor es el "Verbo (que) fue hecho carne, y habitó entre nosotros. . lleno de gracia y de verdad" (Juan 1:14). Esta es la gran revelación de la piedad. Aquel Pablo que exhortó a Timoteo, diciéndole que "la piedad para todo aprovecha" (1 Timoteo 4:8), es el mismo Pablo que declaró también: "¿Quién enferma, y yo no enfermo? ¿A quién se le hace tropezar, y yo no me indigno?" (2 Corintios 11:29). El que hablaba era del tipo de hombre que trabaja con sus propias manos (1 Corintios 4:12), y había laborado en el Evangelio más que el resto de los apóstoles (1 Corintios 15:10). Todos debemos honrar su ejemplo y sacar enseñanzas de él

La necesidad de que Dios nos perdone y nos limpie continuamente

Que tengamos en la tierra la promesa de la vida de

Dios — cuya naturaleza es la piedad — y el poder de esa vida que obra en nosotros para que la vida eterna se convierta en realidad, ¿acaso significa que seamos ya tan perfectos que no tengamos necesidad de confesión para recibir el perdón de Dios y limpieza en la preciosa sangre de Cristo? No Leamos otra vez Hebreos 8:12 Ya hemos señalado en el capítulo seis que en el texto griego, el versículo comienza con la conjuncion "porque". En este caso tiene gran significado, puesto que indica que "seré propicio a sus injusticias" y "nunca más me acordaré de sus pecados" son las causas En cambio, el resultado o meta es que Dios pondrá sus leyes en nuestra mente y las escribirá sobre nuestro corazón, para poder ser nuestro Dios en la ley de vida y que nosotros seamos su pueblo en la misma ley de vida, con un conocimiento más profundo de El en nuestro interior Ya que el conocimiento de Dios es la meta, es lo primero que se menciona. En cambio, el perdón, que es el medio, se menciona en último lugar El mismo orden es el que se sigue en Efesios 1 "Habiéndonos predestinado para ser adoptados hijos suyos por medio de Jesucristo" (v 5a) viene primero, porque se refiere al propósito Después sigue diciendo: "En quien (es decir, en el Amado) tenemos redención por su sangre, el perdón de pecados" (v. 7a), porque esta parte habla del proceso

El mismo hecho de que, antes de darnos vida, Dios tenga que perdonar nuestros pecados y limpiarnos, nos dice también que, después de tener la vida de Dios, cualquier pecado descuidado estorbará al crecimiento de esa vida Con el propósito de dejar operar sin estorbos a la vida de Dios, no podemos permitir que ningún pecado permanezca en nosotros Tenemos que confesársselos para obtener su perdón Necesitamos confesársselos al hombre y pedir también su perdón. Nunca, ni por un momento, nos imaginemos que vamos a póder ejercitarnos para la piedad hasta un punto tal, que nunca más nos haga falta pedir el perdón divino, ni rogarle que nos limpie con la preciosa sangre del Redentor Al contrario: mientras más conoce una persona a Dios, más intensamente se hace consciente de sus faltas, y más siente la necesidad de ser limpiada por la preciosa sangre de Cristo

¡Quién sabe cuántas lágrimas habrán derramado delante de Dios aquellos a quienes reconocemos como cristianos santos! En la luz de Dios veremos la luz (Salmo 36:9). En la luz de Dios es donde vemos cuál es nuestra situación verdadera Lo oculto de la carne; lo oculto de nuestro yo: todo eso quedará expuesto bajo la luz de Dios Entonces será cuando le digamos de verdad: "Confesaré mi maldad, y me contristaré por mi pecado" (Salmo 38:18), para orar después así: "¿Quién podrá entender sus propios errores? Líbrame de los que me son ocultos. Preserva también a tu siervo de las soberbias.   Sean gratos los dichos de mi boca y la meditación de mi corazón delantě de ti, oh Jehová, roca mía, y redentor mío" (Salmo 19:12-14)

Un siervo del Señor afirmaba al comentar 1 Juan 1:

"La vida crea amistad con Dios, y exige esa amistad al mismo tiempo La amistad arroja luz sobre las cosas, y esa luz pide la sangre purificadora de Cristo Se trata de una *reacción en cadena*. La persona que tiene la vida, busca sin duda la amistad íntima con Dios; en esa amistad verá la luz, y al ver la luz pedirá la purificación de la sangre del Redentor Estas cuatro cosas forman una cadena; se sirven unas a otras de causa y efecto a la vez La vida crea la intimidad, y la intimidad nos da más vida. La amistad íntima nos da luz, y la luz profundiza esa amistad. La luz nos exige que busquemos la limpieza que sólo da la sangre, y esa limpieza en la sangre de Cristo nos capacita para ver mejor la luz. Estas cuatro cosas también forman un *ciclo*: la vida crea amistad íntima, la amistad trae luz y la luz nos da limpieza mediante la sangre Al ser limpiados por la sangre, recibimos más vida; más vida significa a su vez más amistad; cuando hay más amistad, aumenta la luz, y el aumento en la luz nos hace buscar más limpieza en la sangre Estas cuatro cosas forman un ciclo repetitivo, que es el que nos hace crecer en la vida Un auto se mueve porque sus ruedas giran El ciclo que forman estas cuatro cosas es como la rotación de las ruedas: cada vez que se completa el ciclo, nuestra vida avanza un poco más. . Así va rodando hacia adelante una y otra vez, y de esta manera hace que avancemos incesantemente en la vida de Dios En cambio, cada vez que deje de moverse, nuestro crecimiento en la vida de Dios se detiene también ''

Las palabras que acabamos de exponer fueron dichas por alguien que conocía a Dios y conocía también su Palabra.

En resumen, es sumamente práctico que conozcamos a Dios en la ley de vida; que lo conozcamos en la intuición de nuestro espíritu Este conocimiento no necesita de instrucción humana exterior. Es aquí donde se halla la cumbre del Nuevo Pacto. Esta es su gloria ¡Aleluya! ¡Alabemos y adoremos a Dios!

Palabras finales

Hemos estudiado ampliamente las características del Nuevo Pacto. Con todo, para que las conozcamos y entendamos realmente, es necesario que recibamos la revelación y la iluminación del Espíritu Santo. Debemos recordar que "la letra mata, mas el espíritu vivifica" (2 Corintios 3:6b). El Señor también dice que "el espíritu es el que da vida; la carne para nada aprovecha" (Juan 6:63a) Excepto el Espíritu Santo, no hay nada que pueda darnos vida.

El Nuevo Pacto está verdaderamente lleno de gracia, riquezas y gloria. Por consiguiente, debemos pedirle a Dios que nos dé fe. ¿Qué es la fe? "Es, pues, la fe la certeza de lo que se espera, la convicción de lo que no se ve" (Hebreos 11:1). Esta es la definición de la fe que da la Biblia. ¿Qué quiere decir la palabra "certeza"? En griego (hypóstasis) significa "algo que está debajo"; "algo que sostiene" Es aquello que sostiene lo que tiene encima. Por ejemplo, los libros se encuentran colocados en el estante, y éste los sostiene. Cuando un hombre está sentado en una silla, ésta lo sostiene. ¿Cuál es el significado de la palabra "convicción"? Esta palabra contiene la idea de "demostración". Por tanto, la fe es aquello que sostiene las cosas que se esperan, para que nuestro corazón pueda hallar descanso. Al mismo tiempo, la fe nos demuestra en nuestro interior las cosas que todavía no vemos, para que podamos asentir de todo corazón a cuanto Dios ha dicho. La fe es la demostración de las cosas que no se ven, al mismo tiempo que sostiene las cosas que se esperan.

"Porque todas las promesas de Dios son en él Sí, y en él Amén, por medio de nosotros, para la gloria de Dios" (2 Corintios 1:20) Una vez sabido esto, no miremos a los lados; mirémoslo solamente a El: a Cristo Su sangre es el fundamento del Nuevo Pacto. El nos ha dejado como herencia toda bendición espiritual, al mismo tiempo que es el albacea de esa herencia ¿Puede haber algo más seguro que esto?

Dios es fiel (Hebreos 10:23). Su fidelidad es la garantía de su promesa y de su pacto (Deuteronomio 7:9; Salmo 89:33, 34). Si no creemos, estaremos ofendiendo su fidelidad, como si pensáramos que El pudiera mentir Por consiguiente, cada vez que no creamos, debemos condenar nuestra incredulidad como pecado, y pedirle al Señor que nos quite nuestro corazón malo de incredulidad (Hebreos 3:12). Pongamos "los ojos en Jesús, el autor y consumador de la fe" (Hebreos 12:2a) Ya que es el Señor quien ha creado nuestra fe (Efesios 2:8; 1 Timoteo 1:14; 2 Pedro 1:1), creamos que El perfeccionará también esa fe.

¡Nuevo Pacto bendito! ¡Nuevo Pacto glorioso! ¡No seamos remisos en la fe! ¡Cuánto tenemos que arrepentirnos y llorar por no haber llegado a los niveles de exigencia establecidos en el Nuevo Pacto! Sin embargo, esto ocurre muchas veces, no porque no busquemos, sino porque buscamos en forma errónea. Nos aferramos de la letra; confiamos en nosotros mismos. Batallamos y luchamos hasta que terminamos en medio de suspiros y lamentaciones Liberémonos de este círculo vicioso

Finalmente, leamos de corazón dos pasajes de las

Escrituras que servirán para expresar nuestra esperanza y nuestro deseo:

"Y el Dios de paz que resucitó de los muertos a nuestro Señor Jesucristo, el gran pastor de las ovejas, por la sangre del pacto eterno, os haga aptos en toda obra buena para que hagáis su voluntad, haciendo él en vosotros lo que es agradable delante de él por Jesucristo; al cual sea la gloria por los siglos de los siglos. Amén." (Hebreos 13:20, 21).

"Y a Aquel que es poderoso para hacer todas las cosas mucho más abundantemente de lo que pedimos o entendemos, según el poder que actúa en nosotros, a él sea gloria en la iglesia en Cristo Jesús por todas las edades, por los siglos de los siglos. Amén." (Efesios 3:20, 21).

Nos agradaría recibir noticias suyas.
Por favor, envíe sus comentarios sobre este libro
a la dirección que aparece a continuación.
Muchas gracias.

Editorial Vida ®
.com

Editorial Vida
Vida@zondervan.com
www.editorialvida.com